認知症家族に寄り添う

介護しやすい家づくり

みんなが心地よく過ごせる間取りとリフォームのヒント

堀越 智〈編著〉

一級建築士 山崎 努／インテリアコーディネーター 川野 美智子／介護福祉士 壁 恵一〈著〉

日刊工業新聞社

はじめに

　家族や伴侶が「認知症」と診断された時、あなたはどんな気持ちになりますか？ いきなり自分が介護者になったことに、少なからず驚きと不安を感じるのではないでしょうか。

　一方で、すでに認知症の介護をしているご家族の場合、介護負担を和らげる工夫はできていますか？思いがけない精神的負担が日に日に増えているのではないでしょうか。

　筆者もこのような経験をしてきました。

　一般的に、高齢者になると「住み慣れた家」でも、不便を感じることが増えますが、さらに認知症の症状によって記憶や判断に影響が出るため、住環境の工夫をしなければ、今までと同じように暮らすことは容易ではなくなると介護経験の中で思いました。

　また、認知症になると新しいことへの対応が難しいことが多くなるため、「長期記憶」^(※)を生かせる家づくりが必要であることも実感しました。

　認知症の方に対する住環境の正解はなく、例えば間取りを大きく変えることで認知症が発症してしまったり、認知症の症状が悪化することもあるので、住環境の整備が負に働くこともあります。一方で、備えや工夫を何もしないことで、認知症の進行につながったり、安全に問題が生じたり、介護の負担が大きくなることも考えました。

　そこで、「介護のプロ」と「建築やインテリアのプロ」と共に、認知症の方の思考を意識しながら、住環境の整備が少しでも認知症のご本人にとって快適と安全につながり、介護負担を減らすことになるようなヒントをまとめました。

筆者があってよかったと特に実感した住環境の工夫に加え、ケアマネージャー、ホームヘルパー、デイサービスに従事する多くの専門家や、家族の介護をされている方から話を聞き、これも内容に加えました。

　ご家族やご自身が年齢を重ねるに伴って二世帯住居や家のリフォームなどを計画されている方に「老後の備え」の1つとして、認知症についても考慮した工夫を取り入れるきっかけを持ってほしいと考え、本書の制作を行いました。

　まずはご本人が「これからもどのような暮らしをしてゆきたいか？」をまとめ、これに沿う形で工夫ができるように、部屋や設備の項目ごとにまとめました。これらを必要に応じて取り入れ、「認知症に寄り添った家づくり」を目指す参考に使ってください。

　ただし、本書をご活用される上でご注意いただきたいこともあります。環境を変えることは悪い影響もあることを念頭に置き、地域包括支援センター、主治医、ケアマネージャー^{（※）}などと相談しながら、リロケーションダメージ(環境変化ストレス)に気をつけ、本書を参考にしてください。そうすれば、きっと「認知症との距離を縮める」ための改善につながると思います。

落ち着きを取り戻してきた東京より

堀越　智

2021年12月5日

（※）「長期記憶」、「ケアマネージャー」については、本書で解説しています。

目 次　CONTENTS

目 次　CONTENTS

第6章　設備

第7章　内装・外装・インテリア

第8章　いつ？ どこから？ 住環境を変える

目 次　CONTENTS

第9章　介護保険について

コラム

序 章

認知症とは

さっきの記憶がなくなるということ

　筆者も一度だけ数時間の記憶をなくした経験があります。家の生垣をハシゴを使って刈っていた時、介護の疲労から目眩を起こしハシゴから転倒してしまい、運悪く舗装道路に頭を打ってしまいました。

　家族に連れられてすぐに病院に行き、MRIで脳を検査したところ、脳震とうと診断され、念のために翌朝まで、経過観察入院をすることになりました。入院するために待合室で待っている時、家族に銀行の暗証番号やさまざまなパスワードなどの重要なことを「何度も」話したようです。それだけではなく、仕事の関係者へ、休むことになるかもしれないと「何度も」電話をしたようです。

　医者の問診には問題なく自分で答えられたのに、なぜ「何度も」同じことを話したのでしょうか？　その時のことを思い出すと、「そう言われてみれば」と指摘されて初めて気がつきます。これは、脳震とうにより、一時的な軽い記憶障害（用語のまとめ参照）を起こし、記憶が混乱したのが原因と医師の診断を受けました。

図　**記憶障害によって話をしたことを忘れてしまい同じことを何度も話してしまう**

　医師の説明によると、軽い記憶障害というのは過去からある記憶や状況を忘れたのではなく、数分前のことを覚えていないことのようです。筆者の場合、もし自分に何かがあったら「家族や同僚に迷惑がかかる」と思い、

その対策をしたのですが、対策をしたことを忘れてしまうので、いつまで経っても「不安が消えなかった」ことを覚えています。

　この経験を認知症の方に当てはめて考えてみます。おそらく、数分や数時間前の記憶がない状態で、「経験、慣れ、習慣、性格、責任」に、残っている記憶をつなぎ合わせ、「推理」「つじつま合わせ」をしつつ、不安と闘いながら生活を送っているのだと思います。

物忘れと認知症の違い

　「最近、物忘れが多くて私も認知症だね」と冗談を聞くことがあります。ところで、加齢に伴う物忘れと認知症の違いはなんでしょうか。

　人は年齢を重ねるに従い、思い出したいことがすぐに思い出せなかったり、新しいことを覚えるのが困難になったりします。「認知症の症状？」と思うかもしれませんが、これは加齢による「物忘れ」です。

　物忘れの場合は記憶の一部が抜け落ちた状況なので、ヒントがあれば思い出せることが多く、本人も忘れていたことを自覚できます。しかし、認知症は、記憶そのものが抜け落ちてしまうので、症状が進行してしまうと「ヒントがあっても」全く思い出せません。このため、本人が自覚することができないのです。

	加齢による物忘れ	認知症による物忘れ
体験	体験の一部を忘れる 例）ごはんのメニューを忘れる	体験自体を忘れる 例）ごはんを食べたこと自体を忘れる
自覚	自覚している	自覚に乏しい
探し物に対して	自力で見つけようとする	誰かが盗ったなどと、他人のせいにすることがある
症状の進行	極めて徐々に進行する	急激に進行する

出典：参考文献2をもとに作成

表　「加齢による物忘れ」と「認知症による物忘れ」の違いの傾向

　脳は私たちのあらゆる活動をコントロールしている司令塔ですが、この指令がうまく働かなければ、精神活動や身体活動がスムーズに運ばなくなり、日常生活に支障が出てしまうわけです。

長期記憶

その人が持つ知識や体験と統合して長時間保持される記憶です。中でも手続き記憶は、同じような経験の繰り返しにより獲得する記憶で、身体で覚えた技量（例えば自転車の乗り方）が挙げられます。認知症になっても、記憶が抜け落ちにくいと言われています。

介護支援専門員（ケアマネージャー）

要介護者からの相談を応じ、市区町村やサービス事業者と連絡調整をしてくれます。また、介護サービスを利用するため「ケアプランの作成」をしてくれます。

記憶障害

記憶が「抜け落ちる」ように思い出すことができない症状のことです。

訪問介護員（ホームヘルパー）

訪問介護員は、自宅に訪問し、介護や生活援助を提供する仕事を行ってくれます。介護には食事や入浴、排泄などの支援といった身体介護と、外出支援などの移動介助が含まれます。また、生活援助として、調理、洗濯、買い物などの援助や代行をしてくれます。

動線

動線（どうせん）は、家の中を人が自然に動く時に通る経路を線で表したものです。

通所介護（デイサービス）

通所介護は、利用者が可能な限り自宅で自立した日常生活を送ることができるよう、認知症本人の心身機能の維持、家族の介護の負担軽減などを目的として実施します。利用者が通所介護の施設に通い、

日常生活や生活機能向上の支援などを日帰りで提供します。施設は
利用者の自宅から施設までの送迎も行います。

物盗られ妄想

高齢になると「置き忘れ」をすることがありますが、「自分が置き
忘れた」自覚があります。認知症の症状では、自分が失くした自覚
はないので「盗まれた」と妄想し、誰かを疑い始める症状です。

リロケーションダメージ

それまで暮らしてきた生活や人的環境を変え、新たな環境で生活す
ることにより引き起こされる身体的・精神的・社会的なストレスです。

視空間認識障害

視力に問題がないにもかかわらず、顔や物品の認識や物品を見つけ
る能力におこる障害のことです。簡単な道具の操作や着衣がうまく
できなくなったりします。

色差

２つの色の間の指標で、色差が大きいほど区別しやすく、色差が小
さいほど区別しにくくなります。

見当識障害

時間や季節がわからなくなり、今いる場所がわからなくなる、人が
わからなくなることです。見当識障害によって徘徊につながること
もあります。

第1章

間取り

認知症は心身の衰えではなく、認知力の衰えなので、正解の間取りは、認知症の方の数だけあります。さらに、認知症の進行度合いによっても介護の仕方が変化するため、流動的な対応ができる間取りの工夫を考慮してみてください。ただし、間取りの変更は負の影響に働くこともあるので、「長期記憶」が残るような工夫をしてください。

二世帯共働きでも
安心できる間取り

介護者の悩み

　自宅で介護をしてくれる訪問介護員(ホームヘルパー：用語のまとめ参照)は非常にありがたいのですが、私たちは共働きなのでプライバシーも気になります。新しく間取りを考える場合、何か工夫できますか？

介護のプロ

　ホームヘルパーは初めに介護をしている家族から事前に了承を得ている部屋以外には行くことがありません。また、介護をする居室(認知症の家族がいる部屋)であっても、勝手に物入れや押入れを開けることもありません。しかし、間取りによっては介護のために、どうしても私生活を見なくてはならないこともあります。一方で、プライバシーを気にしすぎて、ご家族が介護しにくい、介護されにくい間取りにならないように気をつけてください。

家のプロ

　新築やリフォームの際に、ホームヘルパーの出入りを想定した間取りを考慮することや、今ある間取りの出入りの場所を変える場合などは、玄関から入ったホームヘルパーが、同居家族の部屋を通ることなく居室・洗面・トイレに行けるような動線(用語のまとめ参照)を提案します。また、この動線上に廊下収納がある場合は、ドアなどで私生活が見えない工夫をするといいと思います。例えば、玄関から居室・洗面・ト

イレまでの動線上にあるものがドアと壁だけであれば、私生活に触れることなく介護をしてもらうことができます。

　また、介護者が留守にする時間が長い場合で不安がある場合は、プライバシーにかかわる部屋のドアに鍵を設置することで、安心を得ることができると思います(玄関の鍵については2項参照)。

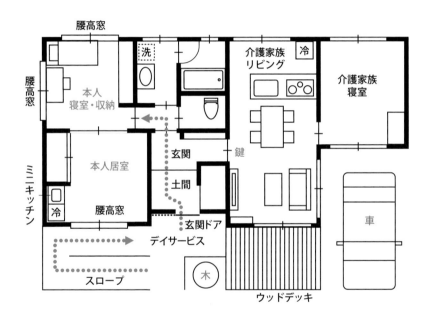

図　第三者からプライバシーを守ることのできる二世帯の間取り例

❗ ポイント

☑ 玄関から続く認知症の方の生活動線に家族の私生活が重ならないようにする

戸建　マンション　新築　リフォーム　同居　別居

玄関に近い部屋の
間取りの問題

介護者の悩み

　ホームヘルパーにあまり生活を見られたくない気持ちや通所介護（デイサービス）へ出かける際の円滑さを考えると、居室を玄関の近くに配置する間取りが最良ということでしょうか？

介護のプロ

　居室が玄関の近くにあると、ホームヘルパーの出入りやデイサービス（用語のまとめ参照）への行き来を円滑に行うことができます。ただ、例えば居室からトイレと玄関に行く廊下が同じ間取りですと、居室を出た後、トイレに行ったのか、外に出ようと玄関に行ったのか、どちらかの判断がつきません。認知症は認知力が衰える病気なので、身体には問題がない人は思いのほか早く歩けます。このため、気がついた時には玄関を出て徘徊をしてしまうことがあります。また、これを防止するために玄関ドアの鍵を閉めておいたら、無理に開けようとした際に土間で転び、怪我をしてしまったという話もあります。

図　玄関に行った！と思った後では、転んだ姿を見ることもあるので注意

家のプロ

　部屋を出た認知症の方がトイレに行ったのか、外に出ようと玄関に行ったのか、どちらかの判断がつかない場合、鍵付きドアで動線を制限することもできます。

　例えば、下図にあるように玄関から認知症の方の寝室兼収納の部屋へ行くためにドアを設け、必要に応じてそこに鍵をかけられるようにすれば、玄関に行くことを制限でき、ご本人の安全を守ることができます。

　ただし、鍵の設置はご本人の疎外感を引き起こしてしまうかもしれません。ケアマネージャーなどと相談をして、設置を検討してください。

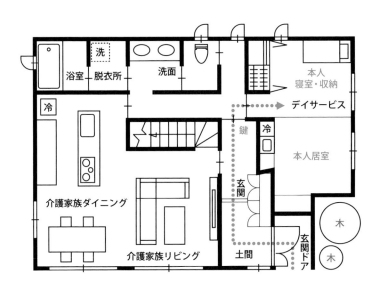

図　玄関からのアプローチにドアと鍵で制限を持たせる工夫例

❗ ポイント

☑ 認知症の方の安全を守るため、1人で玄関に行けないように症状に応じて鍵付きドアで制限する

戸建　マンション　新築　リフォーム　同居　別居

しまい忘れを減らす間取り

 ## 介護者の悩み

　認知症家族が物をどこかにしまい忘れた後、それを忘れて私たちが取ったと疑われます。しまい忘れを防止する工夫はできますか？

 ## 介護のプロ

　認知症の方は記憶の抜け落ちから、認知症の症状である「物盗られ妄想」を起こします（用語のまとめ参照）。物をしまった記憶が抜け落ちてしまい、指摘をされても自分の間違いを認めることができず身近な人を犯人にしてしまうことが多いようです。

　「大事な物を取られてしまう」と妄想や不安を抱いて物を隠すようですが、隠すと安心して記憶がなくなるため、しまい忘れが起こります。これを改善することは難しく、このような物盗られ妄想はホームヘルパーにも向けられることがあります。この場合は、認知症の方の気持ちに寄り添い、一緒に探しながら隠し場所のヒントを探り、見つけ出します。

　統計から、物を隠す場所には「仏壇」「布団の下」「枕の下」「たんすの引き出し」などが挙げられます。なくした時は堰を切ったように怒る方もいますが、多くの方が見つかるとなくしていたことも覚えていない場合があり、平常心に戻ることが多いです。

 ## 家のプロ

　最近の壁や窓は気密性が向上し、熱の出入りがしにくいため、広い部屋

でも低い光熱費で適温に保つことができます。このため、部屋を仕切らず開放感のある空間へ間取りを変えることができます。

　例えば、和室と洋室の仕切りを取り除き見通しを良くし、洋服をしまう場所、物をしまう場所、寝る場所、居間などを1つの空間でゾーニング（区画整理）することもできます。また居間からベッドまで見渡せるようになると、視界の中に生活環境がすべて収まることから、生活を単純化することができ、「物盗られ妄想」を減らす効果や、探す手間を減らすことができると思います。

　ただし対策をしすぎて、認知症の方の「その人らしい暮らし」が変わってしまってはいけません。視界に入れたいものと、視界に入れたくないものを考え、リロケーションダメージ（用語のまとめ参照）を考慮しながら間取りを工夫することで、混乱を避けるといいと思います。

 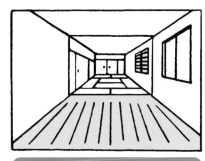

壁があるため奥の部屋の様子はわからない　　壁を取ることで見通しの良い部屋に変わる

図　壁のあるなしの違い

❗ ポイント

☑ その人らしい暮らしを大きく変えてはいけない

☑ 部屋の数を減らすことでゾーニング（区画整理）がしやすくなる

☑ 物をしまう場所を減らし、探しやすくする

第1章　間取り

二世帯住居を考えた間取り

　介護者の悩み

　認知症介護のため二世帯住居を建てたいと思っています。家族のことを考えると水回り、リビング、ダイニングなどの共通スペースを1階に置きたいと思うのですが、認知症本人の居室も1階に加えようとすると窮屈になってしまいます。何か良い工夫はできますか？

図　二世帯にすると、いろいろなものが1階に集中してしまう

　家のプロ

　問題の解決策の1つとして、見方を少し変えて居室を2階に置くことはどうでしょうか？階を上げることで各部屋の寸法を十分に広く取ることもでき、玄関、キッチン（第3章）や浴室（第4章）のトラブルを減らすことができます。

　ただ、多くの認知症の方は高齢者であり階段の上り下りは事故を招くため、ホームエレベーターの設置をおすすめします。最近ではホームエレベーターも小型化、低価格化が進み導入例が増えています。エレベーター移動は介護サービスや徘徊防止においてもさまざまな恩恵を受けると思います。固定観念は捨て、結果として総合的に、家族全員が快適に暮らせる家を目指してください。

図　2階の認知症の方の部屋とエレベーターを設置した間取りのイメージ

 ## 介護のプロ

　間取りを考える場合、認知症は予想をしない行動を起こすこともあるため、症状によっては注意が必要です。また、認知症の方が1人で2階にいる時間が増えてしまうのであれば、目が行き届かないことを考慮しなければなりません。

　家づくりを行うと、生活環境の大きな変化からリロケーションダメージを誘発し、認知症が発症してしまったり、症状が悪化することがあります。長期記憶を残す期間を設けてあげましょう。

> **❗ ポイント**
> ☑ 間取りに正解はないので、状況や症状から考える
> ☑ 家族全員が円滑に住めるような間取りを心がける

15

5

戸建　マンション　新築　リフォーム　同居　別居

記憶障害に対応した間取り

 介護者の悩み

　気がつくと、子どものベッドで寝ていたり、夜中にキッチンの流し台で洗濯を始めたりしていることがあります。何か解決方法はありますか？

図　認知症の方の基本動作：「寝る」「食べる」「くつろぐ」「風呂」「排泄」

 介護のプロ

　これは認知症の症状である記憶障害（用語のまとめ、付録 1 参照）で、時間認識が薄くなると過去の別の記憶と混乱してしまうことが原因と思われます。認知症の方の基本動作は「寝る」「食べる」「くつろぐ」「風呂」「排泄」です。まずはこれらが混乱しないように工夫をしてあげましょう。

家のプロ

同居における混乱を減らす間取りとして、その人らしさを保ちつつ「寝る、食べる、くつろぐ」を仕切りのない部屋にまとめ、「風呂」と「排泄」を認知症の方の部屋に連結させる間取りはどうでしょうか。1つの空間や連結によって、生活に必要な情報が減り、さらに、足腰が衰えた場合にも便利な間取りになります。

また、トイレは1日に何度もいくため、「居室」⇄「トイレ」の生活動線を短く、わかりやすくすることは認知症の方の生活を円滑にするだけでなく介護の負担も減ります。生活すべてが1本の動線で結ばれるため、それ以外の場所へ迷うこともなくなります。

ただ、部屋をまとめることは本人の安心にはなりますが、見守りが不十分にならないように注意してください。

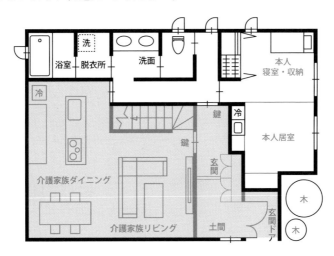

図　生活の基本動作に必要な部屋を近づけて認知能力の手助けをする

> **❗ ポイント**
> ☑ 認知症の方の基本動作を混乱させない
> ☑ 1つの空間で生活できるように部屋を連結させる

在宅ワークしやすい間取り

介護者の悩み

　最近、在宅ワーク(自宅でテレワーク)が増え、オンライン会議を行いながら介護をする機会も増えました。ただ、会議をしている時に限って大きな問題が起きることが多く、困っています。何か工夫はできますか?

図　忙しい時に限っていろいろなことがよく起きる

介護のプロ

　ご本人は、会議時間を狙って問題を起こしているのではなく、逆に忙しそうだから自分でやってしまおうと考えて、その結果として問題が起きているのかもしれません。目配りができる環境を整え、問題が大ごとになる前に手伝えるようにすることが良いと思います。

家のプロ

　同居の場合、在宅ワークの部屋と認知症の方の居室を隣り合わせにして、2つの部屋の間の壁の一部に室内内窓をつけることで、視覚や聴覚で見守りができるような工夫をするのはどうでしょうか。もし見守りが不要の時は、カーテンなどで目隠ししてしまえば壁の役割に戻せます。また、大掛かりな窓を設置しなくても、小さな窓をつけておくだけで、中の雰囲気を十分に感じることもできます。

　一方で認知症の方の部屋と在宅ワークスペースが離れている場合や、別居の場合は、スマートスピーカー、見守りロボット、生活センサーなどを活用することで、遠隔に見守りをすることができます。ただし、これらの便利な見守り機器の使い方に、なるべく早く認知症の方や介護をしている家族が慣れることが重要です。

図　室内内窓をつけることで在宅ワークをしていてもダイニングテーブルから目配りができる間取りの例

❗ ポイント

☑ プライバシーを配慮しながら気配りを感じられる距離を保つ

☑ 見守り機器などを用いて、外から見守る

19

リビング学習ができる間取り

 ## 介護者の悩み

　小学生の子どもがリビング学習をしていると、よく認知症家族が子どもの学習に口を挟むことがあります。例えば、タブレットで教材をやっていると、「ゲームをするな」と堰を切ったように怒りはじめることがあり、困っています。「憩い」と「リビング学習」が両立できるようにするにはどうしたら良いのでしょうか？

 ## 介護のプロ

　高齢者はジェネレーションギャップから孫とトラブルを起こすことがあります。また、歳をとると「頑固」になるとよく言いますが、これに加えて、認知症の方は自分の衰えを認めなくなる傾向が強くなり、子どもに対して自分の威厳を見せたがる人もいます。

図　認知症になると子どもに対して自分の威厳を見せたがる人もいる

認知症の方に、タブレットで勉強をすることを説明して納得してもらったとしても、数分後には忘れてしまい、また怒り出すこともあります。このため、子どもが勉強しているときは、手伝いをしてもらったり、TVを見てもらったりして、気をそらす工夫をするといいと思います。

 ## 家のプロ

リビング学習の良いところは、キッチンで家事をしながら勉強を見てあげられるところです。そこで、キッチンからは学習している様子が見えるけど、リビングからは見えないようなボードや棚などを置いてみてはいかがでしょうか？ 勉強スペースに死角を作ることで、不要な干渉を防ぐことができると思います。このような仕切りは、お子さんが勉強に集中しやすい環境を整える意味でも役に立ちます。

リビングやダイニングはさまざまな物があり、また音もします。ゆるく仕切った勉強空間を作ることで学習への集中度が向上すると思います。

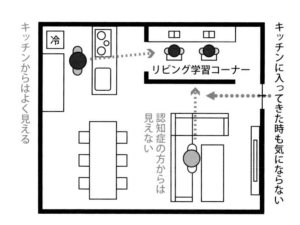

図　リビング学習コーナーがリビングから死角になる間取りの例

> **！ ポイント**
> ☑ 手伝いや TV で気をそらす
> ☑ リビング学習が見えないような工夫をする

細長い間取りを生かす

　介護者の悩み

　敷地が細長いのですが、二世帯で暮らす場合の間取りを紹介してください。

　家のプロ

　細長い土地の場合は、同じ面積の正方形の敷地と比べると、奥行きを強調した視線の抜ける住まい空間を作ることができます。また、方角によっては、日当たりの乏しい部屋が出てくる可能性がありますので、部屋の配置には気をつけてください。

　細長い間取りの場合、その特徴を活かして、玄関へのアプローチの途中に認知症の方の部屋を作ってみてはいかがでしょうか。例えば、家族が出入りする際に、認知症の方の様子がなんとなくわかります。また、掃き出し窓をつけておけば、将来、車椅子を利用することになった場合でもスロープをつけることができます。

　さらに、介護家族の寝室を認知症の方の部屋の隣に置き、夜の見守りをしやすくしています。特に認知症の方の居室と寝室のドアが隣接しているため、部屋を出たことが気配としてわかります。

　玄関には内玄関ですべての収納を賄い、ベンチを置くことで靴の脱ぎ履きを容易にします。一方で、事故や怪我につながりそうな動線には、症状によってはドアと鍵をつけることで、未然に防ぐ工夫もできます。

　このような間取りにすると平家にすることもできますし、お子さんたちの部屋を2階に設置することもできます。ただ、階段は事故が起こりや

すいため、ホームエレベーターや、症状によっては階段への動線に鍵付き
ドアを設置して、未然に事故を防ぐ工夫をおすすめします。

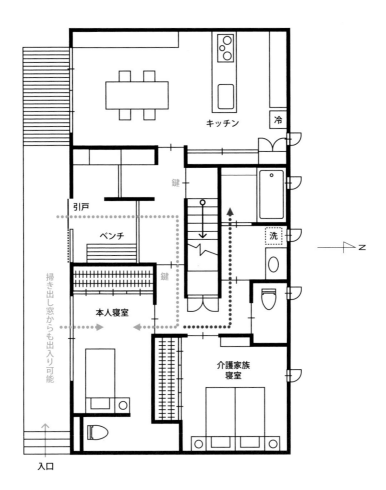

図　細長い土地を活用した二世帯住居の例

> ⚠ **ポイント**
> ☑ 日当たりを考慮する
> ☑ 見守りや気配を感じることのできる間取りにする

戸建　マンション　新築　リフォーム　同居　別居

単身で暮らしやすい間取り

 介護者の悩み

認知症の家族が単身で暮らす場合の間取りを紹介してください。

 介護のプロ

単身で暮らす場合は、ご本人の生活をしっかりと把握して、「何か困っていることはないか」「不便を感じているものはないか」「どのような生活をしているのか」などの情報を得ることをおすすめします。ただ、ご本人に質問しても、うまく答えられなかったり、場合によっては「一人暮らしをやめさせられるのでは？」と警戒してしまったりして、情報を引き出せないことがよくあります。そのため、本人から聞くとともに、「普段どのような料理をしているか」「どんな薬を飲んでいるのか」「生活の様子はどうか」「見慣れない品が増えていないか」などから確認してみてください。

 家のプロ

認知症の方が単身で暮らす場合は、まず、ご本人の身の安全と健康が守られ、かつご本人の想いが活かされる環境であることが大切です。

例えば、平家で回遊できる間取りはどうでしょう。生活の移動を考えると、朝、寝室からトイレに行き、洗面をして、食事をし、リビングでリラックスするなど、動線上にすべて部屋があり、行き止まりがありません。そのため、いずれは目的の部屋にたどり着くことができます。また、「寝室」⇄「浴室」⇄「トイレ・洗面所」が隣り合わせになっているので、室内で

の徘徊を防止することができると思います。

　間取りを変更する場合は、合わせてガスコンロから電磁調理器（IH ヒーター調理器）に変えるなど、生活に必要な機器の交換をしておくことをおすすめします。特にガスコンロは火災の元になるため、電磁調理器 (15 項)にすることでトラブルを未然に防ぐことができます。

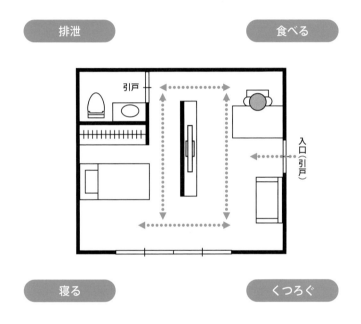

図　行き止まりのない回遊できる間取り

> **❗ ポイント**
> ☑ 回遊できる間取りは混乱を防げる
> ☑ ガスコンロは電磁調理器に変える

第2章

玄関

玄関は徘徊や転倒など、認知症の方の問題が多く発生する場所です。工夫を行って安全と安心ができる玄関を目指してください。一方で、玄関は家族も毎日使い、さらに来客を迎えることから、介護に力を入れすぎて使いづらくなってはいけません。

専用の玄関

介護者の悩み

デイサービスに行く際に、どうしても玄関で外出に手間取り、不機嫌になることが多くあります。外出を円滑にするにはどうしたら良いでしょうか？

介護のプロ

認知症の症状によってはデイサービスに行くことは、「部屋から出る」⇨「玄関に向かう」⇨「玄関で靴を探す」⇨「出発する」といった認知能力を必要とするため混乱し、遅れては迷惑がかかると焦りが生じてしまうのだと思います。

図　玄関から出るのは多くの認知情報が必要

家のプロ

　この問題の1つの解決策として、「専用玄関」を作り、これを居室に直結させてはいかがでしょうか。家族用と介護用の玄関を分けることでデイサービスに出かけやすくなると思います。また、ホームヘルパーに対するプライバシー問題も解決し、一石二鳥といえます。

　こうした玄関は、既存の掃き出し窓やウッドデッキなどから作ることもできます。また、家の玄関に車椅子用のスロープを設置すると窮屈になることがありますが、専用玄関を作ることで解消できます。

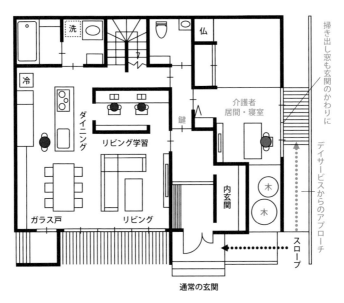

図　家までのアプローチは同じであるが、通常の玄関のほかに専用玄関を作ることでデイサービスに行く際の混乱を避ける

❗ ポイント

☑ 専用玄関によって混乱を減らし、デイサービスやホームヘルパーの手助けにもなる

☑ 掃き出し窓やウッドデッキなどを利用しても専用玄関は作れる

内玄関

 介護者の悩み

　外出をしようと玄関に行った後、なぜか部屋に戻り、テレビを見始めています。「庭に行って花でもみてきたら？」と言って外出を促しても、玄関までは行くものの、戻ってきてしまいます。なぜでしょうか？

介護のプロ

　玄関から出るという動作には、土間にある複数の靴から自分の靴を選別する作業があります。もしかしたら、この靴の選別が認知症の方にとって困難なのかもしれません。「どれかな？」と考えているうちに、「外出しようとしていた」ことを忘れて、部屋に戻ったりすることもあります。もしかしたら、こういったことが原因かもしれません。

図　いろいろなものが置いてあると自分の靴を選別できない

家のプロ

　専用玄関を作らず、１つの玄関で解決する方法として、内玄関を作る方法があります。例えば、家族全員の靴は内玄関の靴収納に置き、認知症の家族の靴だけは玄関に置いておけば、迷うことがなくなると思います。また、内玄関の収納は靴箱と違い、天井まで有効に棚として使うことができ、棚のドアも必要ないので、収納力が高まります。傘、レインコート、長靴、車椅子なども収納できるので、玄関から物をなくせます。

　内玄関には別の利点もあります。認知症の視空間認知障害（用語のまとめ参照）による症状により、土間に設置された靴箱から靴を取り出す際に、土間に転げ落ちて怪我をした話を聞いたことがあります。このような例からも、玄関は「靴を履く」「靴を脱ぐ」といった動作だけを集中して行う場所として利用すれば良いと思います。

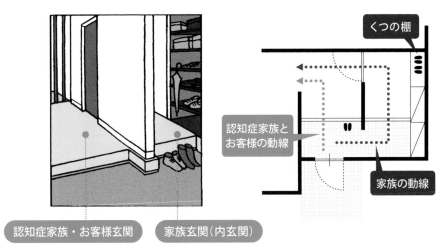

　認知症家族・お客様玄関　　家族玄関（内玄関）

図　内玄関を作ることで動線を分ける

> **❗ ポイント**
> ☑ 内玄関を使うことで玄関の役割を「出入り」と「収納」に分ける
> ☑ 収納スペースが広がるので家族全員にプラスになる

12

戸建　マンション　新築　リフォーム　同居　別居

大きい色差で玄関の事故防止

 介護者の悩み

外出の際に土間に落ちそうになることがあります。視力はそれほど悪くないのに、もしかしたら廊下と土間の段差（上り框）がよく見えていないのでしょうか？

 介護のプロ

認知症の症状として空間認識が著しく低下することがあります。このため、上り框の「段差」をうまく認識できていないのかもしれません。また別の要因として、その場に行くと別の物が気になり、意識がそちらに移ったのかもしれません。例えば、外出の際に「玄関の鍵はどう閉めればいいか？」と考えているうちに、上り框から転げ落ちた実例を聞いたことがあ

図　認知症本人には玄関の輪郭が不明瞭に見えることもある

ります。土間は硬質な材料でできているため、転げ落ちると大きな怪我につながります。工夫をして転落を防ぎましょう。

  ## 家のプロ

玄関の上り框や土間の空間認識をさせる方法として、配色の工夫が挙げられます。例えば床材の色と玄関タイルの配色に色差（用語のまとめ参照）を大きくつけることで、「ここからが玄関」と注意を引きやすいような情報が生まれます。

この時、若い人と高齢者では色の見え方が異なることに注意しましょう（高齢者の身体的変化は付録2参照）。例えば、高齢者がパステルカラーを見ると、くすんで暗く見えてしまうことが多いため、配色による色差が小さくなってしまいます。

また、玄関の手すりも壁と色差を大きくすることで、手すりの認識力が向上し（24項）、さらに「ここからは玄関」といった一種のサインにもなります。一方で、玄関にいろいろと物があると、せっかく色差を大きくつけても色が混ざってしまいます。ぜひ、シンプルで整理された玄関を目指してください。

図　（左）廊下、玄関タイル、建具、壁の色差を大きくした場合、（右）すべてを類似色調にして色差を小さくした場合

逆に、鍵などの認識させたくないものは色差を小さくして、目立たせないようにしましょう。例えばドアの鍵は、容易に開けることができないようにドアと同色や同じ質感にすることで、鍵をわかりにくくさせ、いつの間にか外に出て行かないような工夫につなげることができます。

また、玄関での事故をなくす方法として、上り框を低くすることや、踏み台をつける工夫が挙げられます。特に、上り框を低くすることで車椅子のための折りたたみスロープも設置しやすくなり、将来にわたって良い効果も期待できます。

🛈 **ポイント**

☑ 色差を利用して「見せたいもの」を目立たせ、「見せたくないもの」を隠す

コラム

夕暮れ症候群とは

　「夕暮れ症候群」という言葉があります。例えば、夕方になると「そろそろ家に帰らせていただきます」や「会社に戻ります」と言って、家を出ていこうとします。

　こんな時は、「夕飯時だから一緒に食べてから帰ろう」「帰る前にこの仕事を手伝って」などと話しかけることで、落ち着かれることも多いです。少し経てば、帰ろうと言っていた気持ちも和らいできます。認知症家族の気持ちを考えた対応とその工夫をしてあげましょう。

表札やポスト

 ## 介護者の悩み

　認知症の家族が悪質業者を家に招き、騙されて契約をしてしまったことがあります。本人に聞いても、悪質業者と話したことすら覚えていないため、お金だけ盗られてしまったようです。このようなことを繰り返さないように何か工夫はできますか？

 ## 介護のプロ

　例えば、高齢者を騙して高額請求をする業者の話はニュースで放送されていますが、認知症の人から騙されたというニュースはほとんど聞くことがありません。この理由は、ご本人が騙されたことを認知できない場合や、多少の記憶を自分に都合よく「つじつま合わせ」してしまい、自分が騙されたことを認めない場合などが多いからのようです。

図　二世帯の表札は高齢者がいることのサインになることもある

 家のプロ

　例えば、二世帯の方はポストや表札を一世代分にすることで、認知症の方が住んでいることを気付かせないようにすることができます。もし、ポストや表札をなくしても、郵便や宅配の担当配達員に言っておけば配達をしてくれます。また、宅配ポストなどを設置し、見知らぬ人と話す機会を減らすことも効果的です。

　一世帯で暮らしている場合は、例えばインターホンを音声型から録画機能がついている映像音声型に変えるだけでも、悪質業者の訪問回数は減ると思います。またスマートフォンで応答応対ができるインターホンにすれば、介護家族が外部から訪問客の応対をすることもできます。

　悪質な業者からすると、認知症高齢者は騙しやすいと言われており、一度騙されると、門や塀に印がつけられ定期的に訪ねてくるようです。ぜひ、「この家はだめだ」と悪質な業者に認識してもらうような工夫をしてください。

◎	契約成立	S	シングル（1人暮らし）
AP	アポ有（見込み有）	M	男性
☆	押せば買う	W	女性
×	断られた	F	ファミリー
〆	無理・諦めた	ロ	老人
△	あと一押し	R	留守
K	キック（ドアも開けずに断られた）	空	空き家
ケ	この家の住人とケンカした	917	9時〜17時までは留守

マーキングの組み合わせによる意味
例：ロWS ☆→老人女性1人暮らしで押せば買う

表　空き巣やセールスが付ける印と意味

> **❗ ポイント**
> ☑ 認知症の方は騙されていることが認知できない
> ☑ 悪質な業者と会話をさせないようにする

第 3 章

キッチン

認知症の方はキッチンをどのように思っていますか？ 食事が出てくるところ？ 食事を作るところ？ 両方？ まずはこの点から対策を考えてみてください。

また、人生の多くの時間をキッチンやダイニングで過ごしてきた人もいます。このようなご家族にキッチンに立つことを禁止してしまうと、症状の進行が加速してしまうことがあります。今の症状ならどこまでできそうか？ キッチンの工夫で自立が続けられそうか？ などを考えてみてください。さらに、キッチンは家族全員が使う場所なので、誰にとっても不便にならないようにしましょう。

戸建　マンション　新築　リフォーム　同居　別居

自信を失わせないキッチン

介護者の悩み

今まで行ってきた料理ができなくなりました。これは認知症の進行が原因なのでしょうか？

介護のプロ

実家に久しぶりに帰ると、母親の手料理の味付けが大きく変わったことから、「認知症かな？」と気付いたという話をよく聞きます（認知症に気づくきっかけは付録3参照）。料理の味付けはその人の加減で行うため「ズレ」が生じやすくなります。また、認知症の症状である「味覚障害」によっても、味付けが変わることもあります。

図　味噌汁を作るためにはさまざまな認知能力を必要とする

認知症と診断された後、介護家族は心配をして「危ないからキッチンには行かないで！」と言うことが多いようです。ただ、このような言い方は

認知症の方の自信喪失につながり、認知症を加速させることがあります。

　症状に合わせ、「料理を一緒に作る」⇨「軽く負担の低い料理を手伝ってもらう」⇨「配膳してもらう」といったように、段階を踏んでキッチンに関わり続けさせることをおすすめします。場合によっては、後片付けを手伝ってもらうだけでも、「自分は必要とされている」と感じ、「将来へのモチベーション」につなげることができると思います。

 ## 家のプロ（建築士、インテリアコーディネーター）

　システムキッチンは収納力が高く広々と使えますが、認知症ご本人にとっては情報量が多すぎることがあるようです。水場、火元、調味料などをコンパクトにまとめ、すべてが視界に入るようにすることで、なるべく料理だけに集中させることができます。特に、一世帯や単身で暮らしている場合は、使い方が単純な電磁調理器（次項）を含めたコンパクトキッチンにリフォームすることも有用です。

既存のシステムキッチン

コンパクトキッチン

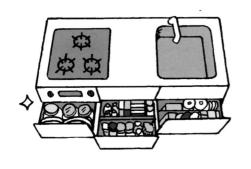

座ったままでも作業しやすいオープンタイプのミニキッチン

図　システムキッチンからコンパクトキッチンにすることで情報量を減らし使いやすくする

! ポイント

☑ 単純な作業を手伝ってもらうだけでも自信につながる

☑ コンパクトキッチンに替えて料理に必要な認知能力を使う量を減らす

15

戸建　マンション　新築　リフォーム　同居　別居

火事を防ぐキッチン

 ## 介護者の悩み

　最近、料理をしていると鍋を焦がしてしまうようで、「火の不始末」が心配です。単身で暮らしている認知症の家族には、料理はさせないほうがいいのでしょうか？

 ## 介護のプロ

　男女問わず、料理を作ることを楽しみにしている人に、「危ないから料理はしないで！」ということは、情緒の不安定と生活の質の低下を促してしまい、認知症を加速させてしまうことがあります。ただ、認知症の方が「火の不始末」を起こす話はよく聞きます。消し忘れが主な原因ですが、加齢とともに「青い炎」は見えにくくなることから、火がついていることを忘れてしまうからとも言われています。

図　料理や鍋を焦がすことは火事につながる可能性もある

 ## 家のプロ

　火災の発生源はガスコンロが多いため、これを電磁調理器 (IH ヒーター調理器) に変えてみてはいかがでしょうか。電磁調理器は、専用に作られたフ

ライパンや鍋しか加熱することができませんし、空焚きや吹きこぼれを防止する機能もついているので、このようなことが起こる前に安全装置が働きます。

例えば、認知症の方が、発泡トレーに入ったままの肉を直接ガスコンロで焼いてしまい、燃えた発泡トレーから火が移り、火事を起こしてしまった実例もあります。この例では認知症の症状である「におい機能」の低下も加わり、火事になるまで本人は気がつかなかったそうです。電磁調理器に発泡トレーを載せても加熱されないので、こういった事故の防止にもなります（ただし、加熱後の天盤は熱くなっているので注意が必要です）。

一方で電磁調理器の問題点は、取扱いを覚えなければならない点です。取扱いが困難な場合、ガスコンロと同じようなツマミ式の加熱調整ができる機器もあります。ぜひ、認知症になる前から、電磁調理器に慣れてもらいキッチンに立つ時間を伸ばしてあげましょう。

図　ガスコンロに似た操作ができる電磁調理器の例

また、何かの理由でガスコンロを使い続ける場合、キッチンのリフォームの際に電磁調理器用の「200Vのコンセント」だけ準備しておくと、いざという時に切り替えやすく安心です。さらに調理機能のついた電子レンジや電気調理器を使うこともおすすめです。

> 🅛 ポイント
> ☑ 火を使うガスコンロから電磁調理器に変える
> ☑ 電磁調理器の取扱いに慣れる準備をする

満腹を思い出させるキッチン

 介護者の悩み

　よく、キッチンに来て何か食べるものはないか？　と冷蔵庫の中のものを食べようとします。ある時は食後の目を離した隙に買って置いてあった食パンを1斤食べてしまったこともあります。また、認知症が進行すると「異食」を起こすと聞きました。何かこれらの対策はできますか？

介護のプロ

　認知症の方は、食事をしたばかりなのに「食事はまだかい？」と聞いてくることがあります。これは満腹や空腹を感じる脳の神経の障害によるものです。「過食」の防止として食事を小分けにし、回数を増やすなどの工夫をおすすめします。

図　**異食は何かを飲食することで安心する**

　また認知症の症状がだいぶ進行すると見た目や味などから、これは「食べ物」という認識ができなくなる「失認」という症状があります。その結

果として、「お腹が減った」⇨「口に入れてみよう」⇨「味がわからないが食べる」という行動を起こしてしまい、食べ物以外も飲み込んでしまいます。これを「異食」といいます。

　例えば、喉が乾きキッチンで洗剤を飲んでしまったり、メガネをトースターで焼き、食べようとして火傷した実話があります。異食の原因は「食べる状況の誤解」「満腹を感じる機能の衰え」「淋しさや不安などストレス」などと言われています。改善方法として、口に入れてしまう物は置かない、生活リズムを整える、ストレスを取り除くなどが挙げられますが、異食をするようになると、目につくものは何でも口に入れる可能性があります。ケアマネージャーや医師に相談して対策のアドバイスをもらうことをおすすめします。

 ## 家のプロ

　過食の防止法として、キッチンの工夫をしてみてはいかがでしょうか。認知能力がある場合、ダイニングとキッチンに間仕切りドアをつけ、容易にキッチン内に入れないようにすることで、間仕切りが「食事はすでに食べたのでは？」と思い出させるきっかけになるかもしれません。

　症状がさらに進行した方の場合、冷蔵庫やキッチン戸棚を不用意に開けることができないように、これらに鍵をつけることもできます。また、事故を防ぐためにもキッチンのドアに鍵をつけて無人のキッチンに入れなくする工夫をしてみてもいいと思います。

図　認知症の進行度合いに応じて過食対策をする

> **！ ポイント**
> ☑ 食べ過ぎであることを思い出させることのサインを出す
> ☑ 健康や安全を守るためキッチンの入り口に鍵をつける

第4章

トイレと浴室

認知症は認知力や思考力が低下しますが、感情や自立心を失うわけではありません。例えば、認知症だからといって、トイレの中で介護されることに抵抗がないわけではないのです。なるべく自立してトイレができる手助けをしましょう。これは認知症の進行を遅らせるだけではなく、将来にわたってのトイレにまつわる介護負担を減らすことになります。

一方で、高齢者の家庭内事故の死亡原因の上位に浴室の「転倒」があります。浴室で転んで骨折をしたことがきっかけで、そのまま寝たきりになってしまったという話もよく聞きます。浴室の工夫で事故の確率を低下させましょう。

一人で行けるトイレ

 介護者の悩み

　排泄物で汚れたリハビリパンツや衣類を便器の中に流してしまい、便器を詰まらせて困るという話を聞きます。自立したトイレ（一人でトイレに行くこと）を長く続けてもらう工夫はできますか？

 介護のプロ

　認知症が進んでも、羞恥心とプライドが失われることはありません。このため、自分の失敗を家族には言わず、自分でなんとかしようと試みるものの、どうしていいかわからず便器に流してしまうと思われます。

図　汚れたリハビリパンツや衣類を便器に流して詰まらせることはよくある

 家のプロ

　例えば、汚してしまったリハビリパンツなどを捨てるための、蓋付きの

大きなゴミ箱を置くことで改善できるかもしれません。しかし、一般的なトイレの間取りはそれほど大きくないため、大きなゴミ箱、掃除道具、リハビリパンツのストックなどを見える位置に置くことは難しいと思います。さらにズボンを脱がないとリハビリパンツの脱着ができないため、トイレのスペースをより広くする必要があります。

　この問題を解決する方法として、トイレと洗面台が接近している場合は、これらを一体化することで有効にスペースを広げることができます。

　近年では、このような間取りが増えています。トイレ空間が広くなると車椅子の回転に必要な広さ（クランクスペース）を確保することもできるので、将来車椅子を使うことになっても安心です。

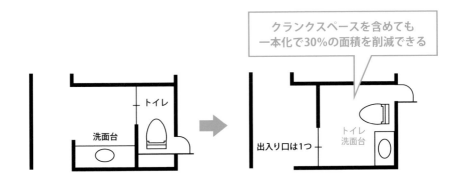

図　トイレと洗面台が別の間取り(左)とトイレと洗面台を一体化した間取り(右)

　また、トイレと洗面台を一体化すれば、排泄、歯磨き、洗面、髭剃り、ドライヤーなどを1箇所で済ますことができます。部屋の情報を減らすこともできるので、認知症の見当識障害（用語のまとめ参照）の症状の方の手助けになります。

> **❗ ポイント**
> ☑ トイレと洗面台を一体化して有効スペースを広げる
> ☑ 生活に必要な部屋が1箇所減るので見当識障害の対策になる

戸建　マンション　新築　リフォーム　同居　別居

わかりやすいトイレ用品

 介護者の悩み

最近、汚れたリハビリパンツを履き直したり、排泄の後にウォシュレットも使わなくなったりするようになりました。認知症の症状によるものでしょうか？

 介護のプロ

トイレで用を足した後、汚れたリハビリパンツをまた履いてしまう話はよく聞きます。この原因はさまざま考えられますが、例えば汚れたリハビリパンツを捨てるゴミ箱がわからないのかもしれません。ゴミ箱が置いてあっても、それが視界に入っていないため「存在を忘れて」しまっているのかもしれません。ウォシュレットに関しても同様の理由であることがあります。まずは、これらの存在を明らかにする工夫をしてみましょう。

 家のプロ

前項で解説した通り、トイレの空間を広げることができれば十分に工夫ができます。ただ、トイレと洗面台を一体化することができない場合は、限られた寸法でゴミ箱やリモコンが視野に入るように工夫してください。

トイレのドアは、便座の目の前にあることが多く、ゴミ箱やリハビリパンツのストックは便座の横か後ろに置くことしかできません。これでは存在に気付かせることは難しいでしょう。

これを解決するために、トイレのドアを便座の側面に変えてみてはいか

がでしょうか。大きなゴミ箱や替えのリハビリパンツを便座の目の前に置くことができ、「汚れ物はここ」や「替え」などと札を貼っておけば、便座に座った時に視覚的に認知しやすくなると思います。

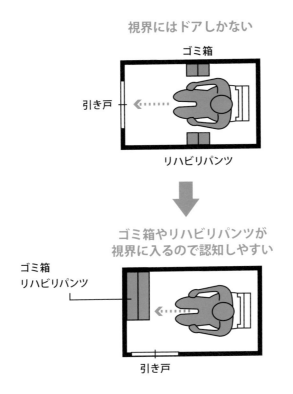

視界にはドアしかない

ゴミ箱

引き戸 →

リハビリパンツ

**ゴミ箱やリハビリパンツが
視界に入るので認知しやすい**

ゴミ箱
リハビリパンツ

引き戸

図 **ゴミ箱や替えリハビリパンツは便座横に置く（上）と視界に入りにくいが、便座の前に置く（下）ことで視界に入りやすくなる**

　また、ウォシュレットの問題は、袖リモコン（便座の横に付いているリモコン）が問題なのかもしれません。リモコンの存在を明らかにするためには、壁リモコン式の便座に変えることをおすすめします。ただ、近年のトイレは多機能になっていることから、リモコンボタンが複雑で小さいため、不要なものは同色テープで隠し、文字や色で押すボタンを示すことで、情報量を減らし、記憶に残しやすくする工夫をしてみてください。

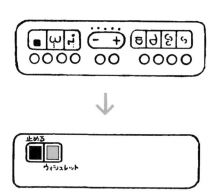

図　壁リモコンの必要な情報を目立たせそれ以外は目隠しする

> 🔔 **ポイント**
>
> ☑ トイレのドアを便座の側面に変える
> ☑ ゴミ箱やリハビリパンツのストックを便座の目の前に置く
> ☑ 壁リモコンにして、必要のないボタンは目隠しして、必要なボタンは強調する

コラム

家電の遠隔操作

　クーラーや照明、カーテンの開閉など外出先からスマートフォンで操作できる機器が増えています。例えば、認知症の方が一人で暮らしている場合や、介護者が留守の場合でも、認知症家族の部屋の環境（室温や光量）を確認し、夕方になったらカーテンを閉めるなど、適切に外部から調整してあげることもできます。

　認知症の症状が進行すると、家電のリモコン操作ができず、冬なのに冷房をつけて風邪をひいてしまった実例があります。遠隔操作をしながら見守ることで、このようなことを防ぐことができます。

19
戸建　マンション　新築　リフォーム　同居　別居

わかりやすい便器

 ## 介護者の悩み

　トイレに行ったのに、便器ではなくリハビリパンツに排泄をしてしまうことがよくあります。どうしてなのでしょうか？ 対策について教えてください。

 ## 介護のプロ

　トイレにせっかくたどり着いたものの、「どこからがトイレなのか？」「便器はどこか？」と考えているうちに間に合わず、リハビリパンツで排泄をしてしまったのかもしれません。この場合は、トイレや便器の位置を理解できる工夫をしましょう。

 ## 家のプロ

　トイレや便器の認知力を向上させる方法として、廊下とトイレの床の色差を強くつけることで、ここはトイレだと認識させることができると思います。

　また、便器の色は白色が多いため、壁紙や床を濃い色にして便器との色差を強くしてあげるといいと思います。ただ、あまり壁全体が濃い色だとトイレ空間を狭く感じて圧迫感が出てしまうため、施工店などにも相談しながら決めてください。

　また、立ち位置や座り位置などの印をつけ、認識能力を助けることも有効だと思います。まずはトイレマットや便座マットなどを利用して色差を

強くつけ、その効果を確認してみてください。

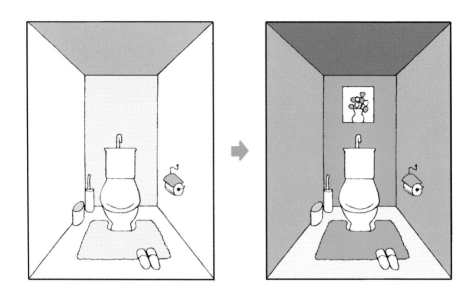

図　一般的な白基調のトイレ（左）から壁や床と便器の色差を強くつけて便器や
空間を目立たせたトイレ（右）

> **🛈 ポイント**
>
> ☑ トイレの壁紙や床の色差を強くつける
> ☑ 立ち位置や座り位置などの印をつける

たどり着けるトイレ

介護者の悩み

　夜、自分でトイレには向かうのですが、トイレには行かずリハビリパンツの中に排泄してしまいます。何か対策はできますか？

介護のプロ

　トイレまでたどり着けず途中で排泄してしまう理由として、部屋からトイレまでの「行き方がわからない」ことや「トイレまでの距離が遠い」ことが原因と思われます。

　「行き方がわからない」場合は、認知症の見当識障害の症状によって、トイレの場所がわからなくなる方もいるので、家の中を徘徊しているうちにリハビリパンツの中に排泄してしまっているのかもしれません。また、夜中にトイレの場所がわからず、玄関の土間に転げ落ちて骨折をしたなどの例もあり、事故につながることもあります。

　この解決法として、症状の進み度によってはトイレまでの動線に トイレはこちら➡ と誘導する紙を貼り、夜はトイレの灯りをつけておくことで行き方の助けになると思います。

　また、トイレのドアに トイレ　空いています と紙を貼り、トイレのドアを少し開けて便器が見えるようにしておくことで、「誰も入っていないな」と気づかせることができます。

 家のプロ

　「行き方がわからない」問題の解決方法として、人感式の「足元灯」を壁に埋め込みます。人感式足元灯は、人が近づくと自動的に点灯し、ある時間が経過すると自動的に切れるため、光が誘導の役割をします。さらにその後の寝付きづらくならないと思います。また、昼間でも足元灯が点灯すれば廊下が光るため、行動のサインとなり見守りの助けになることもあります。

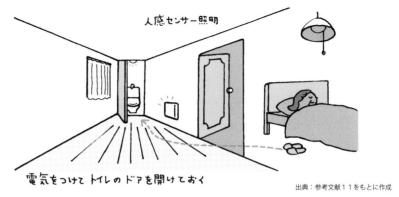

人感センサー照明

電気をつけて トイレの ドアを開けておく

出典：参考文献11をもとに作成

図　居室や寝室からトイレまでの動線の工夫

　ただ、以前お聞きした話では、人感センサーに慣れていない方が、照明を消そうと人感センサーのスイッチを壊してしまった事例があります。この防止法として、スイッチ類には さわらない と紙を貼ることをおすすめします。

　また、認知能力があるうちから、人感センサー照明に慣れるように、早めに照明を切り替えると良いと思います。

> **⚠ ポイント**
> ☑ 張り紙でトイレまで誘導をする
> ☑ 自動点灯の足元灯でトイレまで誘導する
> ☑ 張り紙で誘導する　　　　☑ 人感センサー照明に慣れさせる

掃除のしやすいトイレ

 ## 介護者の悩み

　一日に何度もトイレを汚ごすことが多くなり、最近では汚れたリハビリパンツが脱ぎ捨ててあったり、トイレの床を排泄物で汚したりと、掃除の負担が大きくなっています。掃除の負担を減らす工夫を教えてください。

 ## 介護のプロ

　便器の横に排泄をしてしまう場合、脱衣が間に合わないことや便器を認識できず、床に排泄してしまっているのかもしれません。19項で示した通り、便器の位置をわかりやすくすることで、このような問題を減らせるかもしれません。

　さらに、認知症の症状の1つである弄便（ろうべん）があります。便を素手でいじったり、壁などに擦り付けたりする行為です。弄便は繰り返されることもあり、家族が後始末に追われ、精神的に追い込まれてしまうことがあります。少しでも掃除の負担を下げるため、壁紙や床材を清掃しやすい素材に変えることをおすすめします。

図　便器を認識できず便器の横に排泄

トイレでの排泄は、「**トイレに入る**」⇨「**衣服を脱ぐ**」⇨「**便座に座る**」⇨「**座り姿勢を保つ**」⇨「**便座から立ち上がる**」⇨「**水を流す**」⇨「**衣服を着る**」⇨「**手を洗う**」、といった一連の動作で進みます。どの動作で問題が生じているのかを探ることで、トイレを汚す原因を突き止めていただき、対応策を考えてみてください。

  家のプロ

排泄物で汚すことを考えると、トイレの壁紙や床は、水拭きできる素材（水を弾く）にすることをおすすめします。少しの汚れなら、お尻拭きなどで汚れを拭き取り、除菌スプレーをかけるだけで済ませることができます。

床材の素材としては樹脂系タイルが適しています。メジがないため掃除がしやすく、冬季の冷たさもやわらぎ、車椅子走行にも適しています。また、濃色タイルも多数あり、便器との色差を強くつけることもできると思います。

一方で、クッションフロアは転倒時にクッションの代わりになるため安心感がありますが、柔らかいために車椅子の利用には適していません。この場合は店舗用の硬質なクッションフロアを選びましょう。また、防水、抗菌、防カビなどの機能があると、床を清潔に保ちやすくなります。

さらに、アンモニアや強力洗剤の耐性がある床材なら何かと心強いものです。人によっては汚れが目立たない色をトイレの床に選ぶようですが、むしろ排泄の失敗を考えた時には汚れが目立つほうが衛生上、良いということもあります。この点も考慮に入れましょう。

トイレによく使われる床材の長所短所を表にまとめました。選定のための参考にしてください。

図　**トイレによく使われる床材の長所短所**

住宅用クッションフロア	
一般的な住宅で最も多く使用されている床材。シートの中間層に発泡塩化ビニールが使われているため、クッション性が高い特徴を持っている	
長　所	短　所
安価、比較的張り替えが容易、柔らかい、清掃性が高い、などの特徴がある	耐久性が低く、傷が付きやすく、重量のあるものを置くと凹んでしまう

店舗用クッションフロア

靴をはいて歩く店舗の床などに使われている。住宅用より耐久性に優れる。施設や病院などで多く用いられている

長　所	短　所
比較的張り替えが容易で、耐久性や清掃性が高く、薬剤にも強い物がある	住宅用クッションフロアより硬く高価

樹脂系タイル

主に塩化ビニル樹脂など硬質な素材を使い、30cm角の薄い板状に成型加工したプラスチック系の床材

長　所	短　所
インテリア性、耐久性、清掃性が高く、またタイルよりは安価	住宅用や店舗用クッションフロアより高価で、継ぎ目がある

タイル

粘土や長石などの素材を1200℃前後で焼いて作る材料の総称

長　所	短　所
インテリア性が高く、豊富なバリエーションがある。表面が平滑なものを選べば清掃性も高い	床材の中で最も高値で、さらに冬季は冷たいので高齢者には不向き。目地を清掃しなければならない。重たいものを落とすと割れる可能性がある

フローリング（ウッディフロア）

主に木質系材料からなる床板で表面加工などの加工を施したもの

長　所	短　所
廊下などトイレへとつながる空間と連続することができるため、床の見切りが不要になる	木製のため水に弱く、清掃性が劣る。また使用状況によっては、耐久性が劣ることもある

❗ ポイント

☑ トイレを汚す原因を突き止める

☑ 掃除のしやすい壁紙や床材に変える

自立入浴が続けられる浴室

介護者の悩み

　入浴はなるべく自立を続けて欲しいと思いますが、入浴中に怪我をしないかと心配もしています。自立入浴（一人でお風呂に入ること）を長く続けてもらうための工夫を教えてください。

介護のプロ

　入浴は全裸になるため、認知症の方からすると他人の手を借りずに一人で入浴したいと思うものです。また、入浴の仕方には個性が強く現れるため、知らず知らずのうちに「入浴の流儀」ができており、この流儀から外れるとストレスが溜まります。

　手助けをしたいけど、どこまでやったらいいのかを判断するのは大変難しいものです。こういった場合、ホームヘルパーに入浴を頼むことや、デイサービスでの入浴サービスを受けることで、浴室の問題点を質問し、アドバイスをもらうこともできると思います。また認知症の方が徐々に助けてもらいながら入浴することに慣れていくと思います。

　また、例えば入浴後に新品のリハビリパンツを捨て、古いものを再び履く方がいます。いろいろな原因があると思いますが、これに気づいた家族が「履き替えて」と言うと、「まだ履ける」と言い張って喧嘩になると聞いたことがあります。こういった場合は、認知症の方が入浴中に着衣するものだけ脱衣所に置くなどの補助をしてあげるといいと思います。このような見えない手助けが、自立して入浴する秘訣かもしれません。

家のプロ

　高齢者が家の中で亡くなる最大の原因は、浴槽での溺死と言われており、認知症に関わらず、浴室の利用は気をつけなければなりません。未然に事故を減らすには、「服を脱ぐ」⇨「体を洗う」⇨「湯船に浸かる」⇨「拭く」⇨「服を着る」といった入浴の一連動作の中で、ご本人がどのような「動線で行動するか」を考え、事故の予想を立て、その改善を考えてみましょう。

　例えば、視空間認知障害の症状がある認知症の方が、浴室と脱衣所の段差に気がつかず転倒して怪我をした事故例を聞いたことがあります。この改善方法として、無段差浴室に改修したり、浴室用スノコを利用したりすることができます。なお、介護保険を利用した浴槽の改修や福祉用具レンタルはさまざまあります(43項)。

スノコなし

スノコあり

図　浴槽の段差は浴室用スノコを置いて事故を防止する

❗ ポイント

☑ ホームヘルパーに本人に合った入浴のアドバイスを仰ぐ

☑ 動線から事故の予想を立てる

戸建　 マンション　 新築　 リフォーム　同居　別居

認知症と浴室

 介護者の悩み

浴室における認知症特有の事故にはどのようなものがありますか？

 介護のプロ

　認知症の視空間認知障害（用語のまとめ参照）による症状により、浴槽の「縁（ふち）」までの距離を見当違いして、浴槽に転倒してしまう事故があります。簡便な対策法として、浴槽の縁に、目立つ色のテープを貼ることで空間を測るサインを出し、どのくらい足を上げればいいのかの判断基準を示すことができます。

　また、入浴後に、体を拭いて衣類を着るだけでも、認知症の症状によっては長時間を要することがあります。この場合、冬場はヒートショックの原因になることもあるので、脱衣所暖房などの機器の設置を検討してみてください。

図　寝巻きを脱ぐのを忘れて風呂に入ることもあるので注意

　さらに、認知症の症状が進むと、例えば夜中に「風呂に入らないと」と思い、浴槽に水を溜めて服を着たまま浸かってしまったり、トイレと勘違いして浴槽で排泄してしまったりした実例もあります。場合によっては命に関わる事故につながるかもしれませんので、症状によっては浴室へ不要時に入れないようにする工夫や対策も重要です。

  ## 家のプロ

　視空間認知障害の場合は、浴槽内でお湯に浸かっている際も溺れる可能性があるかもしれません。特に、洋式や和洋式の浴槽は体を伸ばして、仰向けの姿勢でお湯に浸かるため、体が不安定になった時に脚を突っ張りにくいと思います。このような浴槽の場合は、底にバススツールや滑り止めマットなどの福祉用具を敷くことをおすすめします。

　加えて、浴槽の形に関わらず給湯設備の水量設定を変え、肩まで浸からない程度の湯張り量にすれば、事故を未然に防ぐための工夫になります。

洋式や和洋式の浴槽　　　　　　　**バススツール使用時**

洋式や和洋式の浴槽

これは安心だ

前傾姿勢がとりやすい

バススツール使用時

- 浴槽の角度が緩やか
- 浴槽が長いので脚を突っ張れない
- 脚が浮いて背中が倒れる
- 溺れる

浴槽の寸法	外形寸法　　長さ：1100mm ～ 1300mm
	横幅：　700mm ～　800mm
	※和洋折衷式浴槽が該当　深さ：　500mm ～　550mm
浴槽の高さ	立位でのまたぎ越しや座位で浴槽へ出入りする場合 洗い場床面から浴槽縁まで：400mm 程度まで埋め込む

洋式や和洋式の浴槽は溺れることもあるのでバススツールを置くなどの工夫をする

図　浴槽での溺れ防止と高齢者向けの浴槽の寸法と高さ

一方で、和式の浴槽は深さがあるので肩までしっかりと浸かることができ、座った自然な姿勢でも全身浴ができます。しかしその分、大きく脚を上げないと浴槽に入れないため、出入りの際に事故が起こりやすくなります。このような場合はバススツールなどの補助ができるものを利用してみてください。

　また、不要時に浴室に入り、問題を起こす場合は浴室や脱衣所に目立たない外鍵をつけることを提案します。これにより、入浴以外は脱衣所や浴室へ入ることができなくなります。

　一般的な浴室には内鍵がついていますが、認知症の方が不用意に鍵をかけてしまい、その後の開け方がわからなくなって閉じ込められてしまう可能性もあるので注意してください。大抵の鍵には、外から解除できる機能がついていますが、認知症の方が鍵をかけたことを忘れて、ドアが開かないことから、体当たりして開けようとした事例もあります。

図　浴室や脱衣所の扉に外鍵をつけることで、不要時に立ち入りをなくし浴室での事故を減らす

❗ ポイント

☑ 浴槽の縁に目印をつける

☑ 冬場はヒートショックの対策を取る

☑ 福祉用具を利用して浴槽で溺れることをなくす

☑ 湯量を減らして浴槽で溺れることをなくす

☑ 外鍵で事故をなくす

第 5 章

ドア

「認知症とドア」というキーワードでインターネット検索をすると、「徘徊防止」という検索結果が多数出てきます。しかし、ドアの注意点はそれだけではありません。認知症家族にとって、ドアは自分の部屋から外に出るための緊張の第一歩であり、自分の部屋に入るための最後の難関になります。ドアを工夫することで認知や介護の手助けをしましょう。

サインをつけたドア

 介護者の悩み（認知症患者の家族）

　夜中に家の中を徘徊することが多く、その度に起きて部屋へ連れて行かないといけないため、安心して寝ることができません。何か工夫はできますか？

 介護のプロ（ホームヘルパー）

　ホテルでは同じ形や色のドアが廊下に続いているため、自分の部屋のドアは部屋番号のプレートを頼りにします。今回のケースをこれに当てはめると、認知能力の衰えから自分の部屋のドアがわからなくなり、家の中を歩き回っているのだと思います。このため、部屋番号プレートの代わりになるサインをドアに持たせましょう。そのサインは、症状に合わせ、例えばドアに小窓を付けたり、ドアの色を変えることでサインになります。

図　自分の家なのにホテルのような類似したドアの前を歩いている気がする

家のプロ（建築士、インテリアコーディネーター）

　高齢者に適したドアとして「引き戸」がおすすめです。ただし、引き戸は埋め込み式の取手が多く、認知症の症状によっては小さな取手を認知できない場合があると思います。この解決法として「ドアハンドル」に変えることで容易に開閉ができるようになります。ドアハンドルは目立つことから、自分の部屋の「サイン」になると思います。

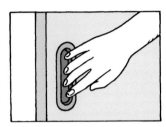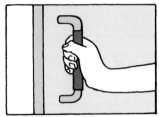

図　引き戸の埋め込み式取手（左）、引き戸のドアハンドル（右）

　ドアの小窓の役割は、部屋のサインになるだけではなく、家族が認知症の方の生活異常を察する機能もあるようです。例えば、深夜になっても高齢者の部屋の明かりが消えていないため、介護をしている家族が部屋に入ってみると認知症の家族が倒れて苦しんでいたという話を聞いたことがあります。

　窓の大きさや素材、デザインなどもさまざまあります。おしゃれでプライバシーを配慮しつつ、認知症の方の手助けになるドアの小窓を選んでみましょう。

！ ポイント

☑ ドアハンドルや小窓はサインになる

☑ 認知症になる前からドア（サイン）に慣れてもらう

安全なドア

 介護者の悩み

　夜中に居室を出ようとドアを開けたところ、認知症の家族が転倒して怪我をしてしまいました。昔から使っているドアなのに？　と思いますが、これも認知症が関係しているのでしょうか？

 介護のプロ

　「ドアを開ける」という単純な作業ですが、認知症の症状によってはこの手順がわからなくなることもあります。特に夜は照明の具合によって昼間とは違ったドアに見え混乱したのかもしれません。この対策法として、ドアノブを認識しやすくするといいと思います。例えば、ドアとドアの色差を強くし、シンプルで大きなものを選ぶことで、「これを持って開ける」といった認知力を高めることができます。もし、リフォームや新築の後にこのようことが起きる場合は、以前使っていたノブなどを使うことで、過去の記憶から認識しやすくなるかもしれません。

 家のプロ

　認知症に関わらず高齢者に適したドアは引き戸です。開き戸に比べ遮音性や機密性が劣りますが、開閉のために体を大きく動かす必要がなく、ドア自体が邪魔にならないため転倒の確率を下げます。

　引き戸には引き違い戸、片引き戸、引き込み戸がありますが、引き込み戸にすることで間取りをスッキリさせることができます。

引き違い戸

片引き戸

引き込み戸

図　引き戸の種類（引き違い戸、片引き戸、引き込み戸）

　また片引き戸の場合は、勢いよく開閉した時のために「指はさみ防止」のソフトクローザーをつける必要があります。ドアの取手は、病院などでも使用されているようなドアハンドルにすると、持ちやすく弱い力でも開閉できるので認知症が進行した際も長く利用できます。これに加えて、ドアを開ける方向の矢印を貼っておけば、さらに親切と言えます。

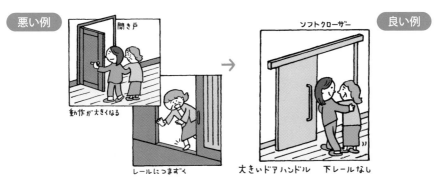

図　問題が起こりやすいドアから改善をしたドアの例

　また、多くの高齢者はすり足で歩くため、ドアレールにつまずくことがあります。さらに認知症の症状として空間認識のずれがある方もいるので、レールが大きな凹凸に見えて転倒につながることもあります。ぜひ、ドアレールはなくし、これらの防止につなげてください。

！ ポイント

☑ 開き戸から引き戸に替える　☑ ソフトクローザーをつける
☑ ドアハンドルにして開く方向を矢印で示す　☑ 床にレールがないドアにする

GPSは必需品へ

　認知症家族が徘徊をしてしまい、迷子になることがあります。このような問題を解決するため、GPS 発信機能がついた小型の機械があります。靴の中に入れたり服に縫いつけたりと、本人に知られることなく身に付けておくこともできます。ただ、中には予想外の行動があるため、どのようなものを利用するかは、症状や性格と照らし合わせながら選んでください。

　例えば、見当違いをして、掃き出し窓から外に出て徘徊し始めてしまった人がいたそうです。GPS 発信器内蔵の靴を使っていたそうですが、裸足で掃き出し窓から出てしまったので、その後長時間発見できなかったようです。

　もしこの方が杖を使う人なら靴を履かなくても外出できますが、杖がなければ長い時間歩くことができないため、GPS 発信機能がついた杖を使ってもらうことで解決できます。

第 6 章

設備

道具は「使い慣れている」物に限ります。認知症の方は、新しい物に慣れることが苦手と言われています。便利だからといって新しい物に買い替えることは、認知症家族にとって負担になることもあります。一方で、介護をしている家族は新しい便利な物を使って、介護負担を減らしましょう。

見せないスイッチ

😊 介護者の悩み

　給湯器やエネファームなどの制御機、テレビやクーラーの待機表示光、無線ルーターの作動光を見て、「電気がもったいない」と怒り始めたり、電源コンセントを抜いたりしてしまいます。説明してもすぐに忘れてしまい、またコンセントを抜いてしまいます。何か解決策はあるのでしょうか?

😊 介護のプロ

　おそらく認知症の方が若い頃の電気機器は、単純に主電源を ON と OFF するだけで、「電気のつけっぱなしはもったいない」という教えが記憶に残っているのだと思います。認知症ご本人は善意で行っているので、考えを変えることは難しいようです。

😊😊 家のプロ

　ボタンを押したり、電源コンセントを抜いたりしてしまう過程は、そもそも「小さな明かりがついている」ことや「電源コンセントが見える」ことがきっかけだと思います。したがって、これをなくす工夫が必要です。

　この解決方法として、スイッチ群を 1 か所に集中させて壁に埋め込み、蓋をつける方法が挙げられます。このような加工は簡単に施工できるのでおすすめです。また、夜中にスイッチを押してしまう恐れがあるなら、蓋に鍵をつけることをおすすめします。また、すでに設置されているスイッチ群の場合は、上から隠せるような枠（スイッチカバー）が市販されてい

るので、これで隠す工夫ができます。テレビの待機電源表示や録画中を知らせる光は、点灯面に本体と近い色のビニールテープを貼り、目隠しすることで、認知症の方の注意が行かないように工夫できます。

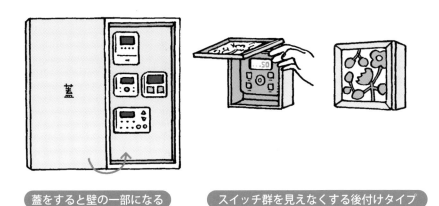

蓋をすると壁の一部になる　スイッチ群を見えなくする後付けタイプ

図　スイッチ群を見せなくする方法

　一方で、既存の壁コンセントなどのカバーがつけられない物は分岐工事などをすることでコンセント位置をずらし、座っている位置から目に入らないようにする工夫が有効だと思います。まずは症状や様子を伺いながら、できる工夫から試してみてください。

! **ポイント**

- ☑ 電気機器の説明をしても忘れてしまうので効果は期待できないことが多い
- ☑ スイッチ群や待機電源は見えないようにする
- ☑ コンセントは視界に入らないようにする

戸建　マンション　新築　リフォーム　同居　別居

落ち着かない照明

 介護者の悩み

「最近、怒りっぽくなった原因は何？」と考えた時、居室の照明をシーリングライトからダウンライトに変えた時期と一致することがわかりました。同じ白色光なのに何か問題があるのでしょうか？

 介護のプロ

この理由として、眩しい光が刺激となり、落ち着かなくなったのかもしれません。また、その光で写し出された自分の影を人と勘違いして、落ち着かなくなったことが感情の変化かもしれません。

図　ダウンライトが「幻視」を引き起こすこともある

家のプロ

現在の家は、省エネや製品寿命の観点から LED 照明が使われています。特に、天井がスッキリ見えるため LED 型のダウンライトを天井に埋め込む施工は多くなっています。ただダウンライトは直線光であることから「不快な眩しさ（グレア）」を誘発させることもあります。

グレアの種類は、直接グレア、間接グレア、反射グレアがあり、視線の方向と光源の角度、光源とその周辺の明るさのバランスなど、さまざまな要因の影響で発生します。その場所に行かなければわからないグレアもあります。高齢者は若年齢者の半分の光量（一定の方向に出る光の強さ）でもグレアを感じると言われており、家族が普通に思っている照明でも、強い刺激を感じてしまう人も多くいるようです。

表　グレアの種類と特徴

直接グレア	強い光を直視して生じるグレア。太陽光を直視したり、夜間にスポットを見たりするグレアがこれに該当する
間接グレア	光沢のある面に、強い光が反射したものを見ることで発生するグレア。金属面に光が当たって反射した光がこれに該当する
反射グレア	強い光が、紙や家具などの面で反射して発生するグレア。白い紙に書き物をしていると、反射光が目に入るような場合がこれに該当する

このような問題を回避する方法として、均一配灯であるシーリングライトに替えることをおすすめします。シーリング式の照明は傘全体から薄まった光（密度の低い）が出るため、グレアや影の発生を抑えることができます。

> **❗ ポイント**
> ☑ ダウンライトからシーリングライトに替える
> ☑ 光は刺激や錯覚を引き起こすことがある
> ☑ 高齢者はグレアを感じやすい

戸建　マンション　新築　リフォーム　同居　別居

落ち着く照明

 介護者の悩み

　最近、照明を以前の照明と同じ光の色のシーリングライトに変えだけなのに、それでも怒りっぽくなった気がします。もしかしたら照明が原因でしょうか？

 介護のプロ

　高齢になると眼の水晶体が黄に変色し、色が少し異なって見えます。したがって、加齢に応じて、今までと同じ色の照明でも、見える色が変わることがあります。目の機能は加齢と共に変化し、65歳では老眼鏡が手放せなくなると言われています。

　加齢にまつわる視力の変化として、小さい物が見えにくくなる、遠近感を把握できなくなる、視野が狭くなる、寒色系の色が判断できなくなる、明暗順応能力が低下するなど、さまざまな変化があります。視力も平均で約60％低下するため、今までとは異なる視力で生活をしなければなりません。

　一方で、認知症の有病率は60代から顕著に増加することから、視力の低下と認知症の発病には時期的関係があります。視力の悪化時期と認知症の進行時期が重なり、この結果として、介護者には気が付かない照明のわずかな差を感じたのかもしれません。

 家のプロ

　高齢者の部屋で使う照明は、適用畳数より1ランク上の器具を選ぶことをおすすめします。またLED照明は調光機能（光量の調整）や調色機

能（光の色の調整）がついているものを選び、光の様子を変えながら認知症の方の様子を観察してみることをおすすめします。

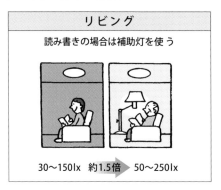

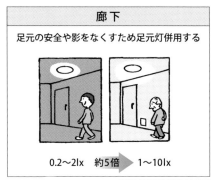

リビング			廊下		
読み書きの場合は補助灯を使う			足元の安全や影をなくすため足元灯併用する		
30～150lx	約1.5倍	50～250lx	0.2～2lx	約5倍	1～10lx

出典：参考文献6をもとに作成

図　高齢者に適した光の特徴や量（lx：照度を表す単位ルクス）

　認知症の場合、よく昼夜が逆転してしまい大きな介護負担につながることがあります。その対策として、体内（生活）リズムを整えるために照明が役立つことがあります。人は目から光が入るとメラトニン（睡眠ホルモン）の分泌が抑制され、はっきりと目覚めますが、LEDの調光調色機能や光量によって自然光に近い光のリズムを再現し、メラトニンの分泌や抑制に働きかけ、覚醒やリラックスできる雰囲気づくりをすることができます。

　このような照明環境の変化を利用した介護施設も増え、部屋の照明の強さや色を時間と共に変えることで、無意識のうちに時間を感じさせ、体内リズムを整えることに利用されています。これによって夜間の徘徊を防ぐ効果もあります。

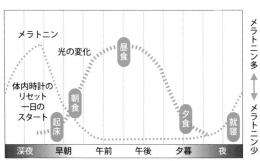

図　時刻に合わせた光の色と光量

一方で、玄関、廊下、トイレ、浴室などは光量や影を考え、認知症の方の不安につながらないようにする工夫をすれば必ずしもシーリングライトにする必要はありません。例えば、白色光を使えば、便座の輪郭が明確になり、トイレの際の問題を減らすことができると思います。ただ、照明選びに正解はなく、認知症の方の暮らしの歴史と照らし合わせながら、暮らしに何が必要なのかを考えて選定していただくことをおすすめします。

⚠ ポイント

☑ 同じような照明でも光量や色差で不安を引き起こすことがある

☑ LED 照明の調光機能や調色機能を利用して利用シーンに合わせた光で気分や体調を整える

☑ 玄関、廊下、トイレ、浴室はシーリングライトにする必要はない

☑ トイレは白色光を使うことで便座の輪郭を明確にする

コラム

気分が不安定になったら

　介護施設では、認知症の方の気分が不安定になった時などの対応方法として、単純作業をお願いします。これは、何かの不安に対して、気持ちを別に向けさせることで、落ち着きを取り戻すことが多いからです。認知症の方も「感謝された」「役に立った」「自分でできた」などと思うことができ、満足や自信につながります。

　認知症家族の得意な作業や行動を生活に取り入れ、それに沿った時間割を作成して生活を送ってもらいます。健常者にとってはワンパターンの生活と思えることでも、認知症の方にとっては平穏で安心した生活になることが多いようです。

徘徊感知センサー

介護者の悩み

介護用品のカタログを見ると、徘徊感知のセンサーの種類が数多くあるようですが、どのような違いがあるのでしょうか？

介護のプロ

徘徊防止に感知センサーを利用すると介護の負担を減らすことができ、その選定方法としては、「ベッドから離れた時点」「外出しそうな時点」の目的別で決めることをおすすめします。

居室に設置するものとして、ベッドから離れた時に知らせるマットタイプが一般的です。ベッド上や足元の床に感知センサーの入ったマットを設置して、ベッドから起き上がったり、ベッドから離れたりすると知らせて

マットタイプの感知センサー

通過点感知センサー

図　感知センサーの種類

出典：参考文献14をもとに作成

くれます。徘徊防止だけではなく、夜中のトイレなども知らせてくれるので見守りに利用できます。ただし、床置きマットの縁に足をひっかけて転倒しないように固定してください。

部屋以外に設置するものとして、ドアや玄関を通過した時に知らせてくれるセンサーがあります。玄関やドアに感知センサーを設置し、前を横切ったり、ドアを開閉したりした時に、音や光で知らせてくれます。音や光は離れた場所にいる家族に知らせるものと、その場のセンサーが、ご本人に知らせるものがあります。また、発信器を服などに縫いつけ、感知センサーの近くを通ると知らせるタイプもあります。

最近では見守りロボットも普及しており、カメラ付きのものや、ベッドに組み込まれているものがあります。外から家族が遠隔で話したり、様子を見たりなど、すべての見守りをスマートフォンで行うことができます。

 ## 家のプロ

認知症の方の中には、慣れない機器に違和感を感じて、外してしまうことがあるようです。また、ほとんどの感知センサーは電源を壁コンセントから取るものが多く、「電気がもったいない」と電源コンセントを抜いてしまうことがあるようです。なるべく目立たないデザインを選び、さらに電源コンセントの配置も注意する必要があります。

見守りロボットは Wi-Fi に繋いで使用しますが、インターネット環境がない場合、インターネット導入の契約や工事も必要になります。また、この場合も Wi-Fi ルーターなどのコンセントを抜いてしまわないように、設置場所には注意してください。

❗ ポイント

☑ 二世帯の場合は、ベッドから離れた時、外出しそうな時、の違いでセンサーを選定する

☑ 部屋が離れている時や一世帯の場合は、見守りロボットなどでスマートフォンから遠隔見守りをする

第 7 章

内装・外装・インテリア

介護をしていると、認知症家族に思いがうまく伝わらず、時には絶望的な思いをすることがあります。介護に一生懸命になりすぎると、身体的にも精神的にも疲れ切ってしまうことがあります。内装、外装、インテリアを工夫することで、介護負担を減らして気持ちの余裕を持ちましょう。

戸建　マンション　新築　リフォーム　同居　別居

認知症に適した床

介護者の悩み

　床材を変えようと考えています。認知症に向いている床材とはどんな物でしょうか？

介護のプロ

　認知症に関わらず、高齢者はさまざまな理由で床に何かをこぼすことがあり、床材は掃除のしやすいものを選びましょう。また、認知症の方が床に転んだことを考えると、クッション性があると安心です。さらに、冬場に脱衣所の床が冷たいとヒートショックを起こすこともあります。一方で認知症の症状によっては、大きな模様や色味の強い模様、無垢のフローリングにある木の節を見て落ち着かなくなる人もいます。なるべく落ち着いた模様の床材を選んであげましょう。

家のプロ

　一般的な床材の選択には、表面の強さ、クッション性、耐久性、耐水性、耐薬品性、滑りやすさ性、抗ウイルス性消臭効果、などの項目からその場所や目的にあったものを選択します。

　「フローリング」は美しく掃除しやすい利点がありますが、硬くて滑りやすい欠点があります。

　「畳」は高齢者にとって馴染みがあり、転んでも衝撃を吸収してくれます。介護用畳を使えば、耐水、抗菌の機能を有していますが完全ではありませ

ん。また、畳はクッション性があるため転倒時の安心がありますが、車椅子には向いていません。この場合は、硬めのシートを引くことで、解消できますが、逆にクッション性が損なわれます。

「クッションフロア」は掃除しやすく、滑りにくい工夫や、抗菌などのさまざまな機能がついています。またクッション性もあるので転んだ衝撃も吸収してくれます。ただ、表面が傷つきやすいなどの耐久性の面で問題があります。これ以外にもさまざまな床材があり、多様なデザイン、色、機能を有しています。

表　床材の種類とその特徴例

床材 ＼ 特徴	車椅子の走行性	滑りにくさ	清掃性	補修のしやすさ
フローリング	○	△	○	△
クッションフロア	◎	○	◎水拭きが容易	○
タイルカーペット	△	◎	△取替えは容易	◎
カーペット	×	◎	△	○
畳	×	○	△	◎

出典：参考文献7をもとに作成

どの床材にも特徴があるので、「どこに使うのか？」「症状はどうか？」「歩行能力はどれほどあるのか？」「将来車椅子を使用しそうか？」「今までの生活環境はどうだったのか？」など多面的に検討して選定してください。

また、トイレや自分の部屋などの目的地に迷わずたどり着くために、床と床材を統一し、道順を示すこともできると思います。このように居室だけではなく、生活に必要な動線全体を統一させることも良いと思います。

!ポイント
☑ 床材は目的や使用場所で選ぶ
☑ 動線を連続した床材にすることで移動の目印にする

31

戸建　マンション　新築　リフォーム　同居　別居

良い手すり、悪い手すり

 介護者の悩み

認知症家族のための手すりを設置しようと思います。何か注意する点はありますか？

 介護のプロ

高齢者は 20 歳と比べて、筋力が 30％以上低下すると言われています。特に足腰の筋力は著しく低下し、つまずいた時などに足が踏ん張れず、これが転倒の原因になることがよくあります。足が踏ん張れないため、手すりが届かない位置にあっても、手を伸ばしてその手すりにつかまろうとしてしまいます。このため体のバランスを大きく崩し、大怪我に繋がるようです。

図　手すりの端部で袖口が引っ掛からないようにする

　必ず手すりの設置場所は認知症の方の生活動作を観察し、「自然」に手が届く位置に設置してください。また、標準的な手すりでは棒が太すぎて、いざと言うときに力が入らず、転倒した実例もあり、こういった点も気をつけましょう。

 ## 家のプロ

　手すりは、認知症ご本人の手のひらの感覚、指の動き、握力、体格に合った材質、太さ、形を選び、認知症の症状、生活動作、目的から設置位置を決めましょう。特に、室内移動の動線は決まっていることが多いため、普段から観察することで設置位置の参考にするといいと思います。

　さらに、「家のどこにバリア（障害）があるか？」「つまずきや転倒しそうな場所はどこか？」など不安リストを作成して整理してみましょう。加えて、玄関などの家族も使う手すりには、抗菌仕様を選ぶことで接触感染を軽減させる工夫も良いと思います。

　手すりの種類は「固定式」や「可動式」があり、形状は「横型」「縦型」「L型」「床立ち上げ型」があります。カタログなどで見るだけではなく、設置場所に取り付けたことを想像して選定をするといいと思います。

　例えば、屋外階段に設置したアルミ製の手すりが真夏に高温になり、これを触った瞬間に熱くて驚き階段から転落してしまった話や、端部を伸ばしたままの手すりを廊下に設置し、袖を引っ掛けてしまい転倒した話があります。思わぬ事故にも繋がるため、もし自分で設置する場合は、購入店などに相談してから選定しましょう。

　玄関の手すりの多くは、I型が多いようです。ただ実際には高齢者は上がり框に座って靴を履くことが多いため、I型ではなく床まで伸びた横T型のほうがより役に立つと思います。これに加えて、認知症の場合は、認知症の方が手すりと認知できないと設置しても意味がありません。手すりと壁と床の色差を強くつけ、認知症の方が手すりを認知できるように工夫してあげましょう。

床近くまであると
座った状態でも掴める

図　玄関の手すりは横Ｔ字にして上がり框の位置に設置する

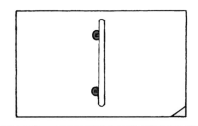

壁の色と同系色の手すりは認識しにくい

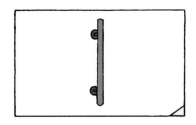

壁の色と色差を大きくすることで手すりが認識しやすくなる

図　玄関の手すり

!　ポイント

☑ 手すりは本人が握りやすいものを自然に握れる位置に設置する
☑ 生活動作をよく観察する
☑ 廊下や階段の手すりは端部を気を付ける
☑ 壁と手すりの色差を強くつけ認識しやすいようにする

不安を減らし
機能を増やす窓

 介護者の悩み

　昼間、部屋の掃き出し窓のカーテンを閉めて TV を見ています。「太陽光が明るすぎるのかな？」と思いましたが、雨の日でも閉めています。また、たまに TV のリモコンで窓を叩いたりしていることもあります。なぜこのような行動をするのでしょうか？

 介護のプロ

　掃き出し窓は、明かりを取り込むだけではなく、将来的には専用出口にも使えるため便利です。しかし、この大きな窓が、認知症の方によっては不安を引き起こすこともあります。例えば、窓が大きいので「外に悪い人がいるのでは？」と妄想してしまい、カーテンを閉めるようになったのかもしれません。

図　大きな窓は妄想を引き起こすことがあります（左）。鍵を認知できずに窓を開けようと叩いてしまうことも（右）

また、TVのリモコンでガラスを叩く原因の一つとして、窓の鍵が認知できず、リモコンでたたいて開けようとしたのかもしれません。何かの考えがあって「窓を開けよう」と考えても、鍵を開けるということが認知できず、出られないという焦りから叩いてしまったのかもしれません。

また、悩みとは関係ありませんが、窓にまつわる事柄として、自分の歯が残っている人ほど認知症になりにくい研究結果があり、口を動かすことは認知症予防または症状の進行を遅らせる効果があるようです。食べ物をよく噛むこと以外に、カラオケも認知症の進行を抑えられると言われています。

  ## 家のプロ

窓の外が気になる場合は、認知症家族の座る位置を変えて、窓が目に入らない向きにすることで、解決できるかもしれません。また、レースのカーテンを取り付けて外の風景を目隠しすれば不安がやわらぐかもしれません。まずはこのような簡単なものから試してみましょう。

ガラスの飛散については、防犯ガラス（容易には割れないガラス）に変えることでガラス粉砕や飛散を防げます。また、防犯ガラスにすることで、外からの不審者の侵入も防げるため一石二鳥といえます。既存の窓を使いたい場合は、ガラス飛散防止シートを貼ることでもガラス飛散の事故を防ぐことができます。さらに、耳が遠く、大声で歌う趣味を生かすために防音窓にすることも一つの手段です。

! **ポイント**

☑ 窓の外に不安を感じる場合はレースのカーテンなどで外が気にならないようにする

☑ 防犯ガラスやガラス飛散防止シートで怪我を防ぐ

33

戸建　マンション　新築　リフォーム　同居　別居

家具や家電は
使い慣れたものを

介護者の悩み

　最近の家具や家電はおしゃれで機能的なものが多いため、便利な家具や家電を揃えてみたいのですが、注意する点はありますか？

介護のプロ

　家族のことを思うと、なるべく便利な家具や家電を揃えてあげたくなると思いますが、認知症の方は新しい物に慣れるのが苦手で、さらに世代の差や価値観も違うため、認知症の方にとっては便利ではないかもしれません。この点を考慮して、入れ替えはくれぐれも慎重に行いましょう。

図　最新の家具や家電が適しているわけではない

　例えば使い慣れたタンスを残すことで、新しい居室の中で過去を繋ぎ止める「物」になるかもしれません。以前、経験した例では、認知症の方が急に怒り出した時に、子どもの身長の印がついたタンスを見ることで、子

どもの話をし始め、落ち着きを取り戻したことがあります。なるべく「長期記憶」を残す心掛けをしてください。

 家のプロ

残すものと残さないもののリストを作り、現状の雰囲気を維持したまま、利便性を増す工夫をしましょう。

また、危険だからといって、すべて安全なものに変えることが最良ではないこともあります。例えば、長年敷いているラグを見て、認知症の家族が縁に足を引っ掛けて「転倒しないか?」と心配になるものです。安全のためにラグを廃棄することは容易ですが、これによって部屋の雰囲気が大きく変わり、リロケーションダメージを引き起こすかもしれません。

「本当にラグは不要なのか?」と一旦立ち止まり、「安全」に使い続ける工夫はないのか?と考えてから判断して下さい。

また、介護家族が操作を覚えられない家電は、認知症の方も操作できないと思いますので、事前に操作方法を調べてから購入することをおすすめします。

図　新しくした部屋　最新の設備を導入（左）、使い慣れた設備を導入（右）

> **⚠ ポイント**
> ☑ 家具や家電を替えるときは思い出を残し、リロケーションダメージを考慮する
> ☑ 介護家族が家電の操作ができるか確認する

34

認知症に適した椅子

 ## 介護者の悩み

　いつも座っている椅子が壊れてしまい、買い替えを考えています。どのような点に注意したら良いでしょうか？

 ## 介護のプロ

　以前、認知症の方が椅子を変えた時期から人が変わったように怒りっぽくなったという話をご家族から聞きました。そこで「椅子の座面が固くなったことが原因では？」とアドバイスをし、体圧分散のマットを敷くと怒りっぽさが解消されました。認知症の場合、言語機能や感情抑制機能が低下し、ご本人が感じる不快感を周囲にうまく発信できず、怒りっぽくなったのかもしれません。高齢者の場合、椅子に座ることは寝たきり予防にもつながるため、そういった意味からも認知症ご本人にあった椅子の選定や工夫をしてあげましょう。

背なしタイプ　　背もたれ付きタイプ　　膝掛けタイプ　　入浴介助用椅子

図　シャワーチェアーの種類

また、検討していただきたい椅子として、浴室用の椅子（シャワーチェアー）が挙げられます。座位が安定している方向けで、狭い浴室などに適した「背なしタイプ」や、より安定させたい方向けの「背もたれ付きタイプ」、座位が安定しない方向けには「膝掛けタイプ」や介助向けの「入浴介助用椅子」があります。

  ## 家のプロ

ソファーの場合、座面がやわらかく低めのソファーは落ち着いてくつろげますが、腹筋などの衰えた高齢者には立ち上がりにくいようです。このため、座面がある程度の硬さと高さを持たせたソファーのほうが適していると言われています。ただ、あまり硬すぎると、長時間座っているうちにお尻が痛くなることがありますので、認知症の方に確認しながら決めてください。

普段、ダイニングチェアに座ってくつろぐ方は、肘掛付き椅子をおすすめします。認知症にかかわらず高齢者の場合、肘がついていることで立ち上がりやすく、居眠りをして寝ぼけても椅子から転げ落ちにくいので安心です。また、認知症の症状によって、場所認識や平衡感覚に問題が出たり、幻覚をみたりすることで、椅子から転げ落ちることが考えられるので、事故防止の観点からも肘掛付き椅子が良いでしょう。さらに、椅子に食べ物をこぼしたり、排泄をしてしまったりすることを考えると、座面や背もたれのカバーを洗濯できる素材にすると、介護の負担が減ると思います。

居眠り中に転倒して骨折　　肘があるから転倒しにくい

図　肘掛付き椅子にすることで転倒を回避する

　同じ椅子でも、小型のベンチ式の椅子を居室に加えておくと何かと便利なようです。これは認知症の方がくつろぐためのものではなく、朝の着替えなどを置いておく台として、着替えや靴下を履くための補助台として、さらに補助椅子として使うことができます。また、家族やホームヘルパーがちょっと腰掛ける時にも、ベンチ式座面の場所を選ばないので便利と言えます。ただし、認知症の方が座ってしまうと、転倒する場合もあるため、認知症の方の症状を見て、またケアマネージャーなどにも相談して決めるようにしてください。

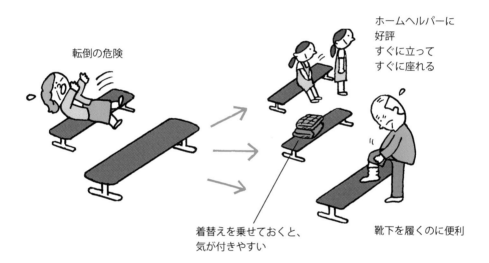

転倒の危険

ホームヘルパーに好評
すぐに立って
すぐに座れる

着替えを乗せておくと、
気が付きやすい

靴下を履くのに便利

図　ベンチ式の椅子の利用

　一方でシャワーチェアーについては、浴室の間取りや出入りの間口と密接に関連するため、浴室の広さについても選定項目に入れてください。また、浴室の間取りは身体状況により入浴動作が異なります。「自立入浴が可能か？」「介助が必要なのか？」または「車椅子を使用するのか？」「リフトなどの福祉用具を使用するのか？」などによって必要なスペースが異なります。図に間口と奥行きの寸法をまとめました。シャワーチェアーの選定の参考にしてみてください。

自立入浴が可能な場合	通常の浴室スペースで問題ない 　壁芯一芯　　間口：1365mm ×奥行き：1820mm 　有効寸法　　間口：1200mm ×奥行き：1600mm　程度
介助が必要な場合	通常の浴室スペースに介助スペースを確保する **①1名の介助者の場合** 　壁芯一芯　　間口：1820mm ×奥行き：1820mm 　有効寸法　　間口：1600mm ×奥行き：1600mm　程度 または 　壁芯一芯　　間口：2020mm ×奥行き：1620mm 　有効寸法　　間口：1800mm ×奥行き：1400mm　程度 **②2名の介助者の場合** 　壁芯一芯　　間口：1820mm ×奥行き：2275mm 　有効寸法　　間口：1600mm ×奥行き：2100mm　程度
車いすを使用する場合	**①屋内移動で車いすを使用し介助が必要な場合** 　壁芯一芯　　間口：1820mm ×奥行き：1820mm 　有効寸法　　間口：1600mm ×奥行き：1600mm　程度 **②浴室外で車いすを下りる場合** 　壁芯一芯　　間口：1365mm ×奥行き：1820mm 　有効寸法　　間口：1200mm ×奥行き：1600mm　程度 **③浴室内まで車いすで入る場合（後で車いすを押し出す）** 　壁芯一芯　　間口：1820mm ×奥行き：1820mm 　有効寸法　　間口：1600mm ×奥行き：1600mm　以上
座位移動の場合	**①浴室内を座位で移動する場合** 　壁芯一芯　　間口：1820mm ×奥行き：1820mm 　有効寸法　　間口：1600mm ×奥行き：1600mm　程度 **②屋内移動を座位移動で行い入浴が自立している場合** 　壁芯一芯　　間口：1365mm ×奥行き：1820mm 　有効寸法　　間口：1200mm ×奥行き：1600mm　程度 **③浴室内のみ床移動の場合** 　壁芯一芯　　間口：1365mm ×奥行き：1820mm 　有効寸法　　間口：1200mm ×奥行き：1600mm　程度

出典：参考文献7をもとに作成

表　シャワーチェアーを置くための浴室の寸法

❗ ポイント

☑ 気持ちを表現しづらくなることもあるので、よく話を聞きながら観察する

☑ シャワーチェアーは早めに使い始める

☑ 転倒防止のため椅子は肘掛付にする

☑ 危険を回避できるならベンチ式椅子も便利である

35

戸建　マンション　新築　リフォーム　同居　別居

自立できる収納

 ## 介護者の悩み

　朝、下着のまま家の中を徘徊していることがあります。寝巻きはしまえるのに、服を着ることはなぜできないのでしょうか？

 ## 介護のプロ

　タンスから服を選んで、それを着るまでの工程には多くの認知能力を必要とします。また、「どれにしよう？」と考えているうちに、服を着ることを忘れてしまうこともあります。例えば、認知能力があればタンスなどにラベルを貼り、自立して服を出せるような補助をしてあげましょう。

　この時、ラベルを貼るだけではなく、日常的に必要な衣類に限定して収

この方法には
期限がある

図　使い慣れた収納にラベルを貼ることで認知しやすくなるが、その収納量が多いと効果が期待できない

納することで、情報量を減らす工夫をする必要があります。また、これも困難な場合は、見える位置に着替えを置き、自立的に着替えられるように誘導をしてあげましょう。

 ## 家のプロ

　例えば、本当に必要なものを選別し、大きなタンスや押入れ収納をやめて、衣料店のような「見せる服の収納」に変えることで、問題を解決できるかもしれません。日常で必要な衣類は見せる収納へ置き、日常で不要な衣類は押入れの中や別の部屋などの「見せない収納」へ保管することをおすすめします。衣類や収納場所を区分けすることで、収納に対する認知情報を減らすことができると思います。

シンプル収納

普段着る季節もの
だけを１箇所に

図　衣料店のような「見せる服の収納」

❗ ポイント

☑ 収納から衣類を選別することは難しい場合がある

☑ なるべく自分で衣類を出してもらう工夫をする

☑ 見せる服の収納で衣類を選択しやすくする

36

戸建　マンション　新築　リフォーム　同居　別居

脱臭する部屋

 ## 介護者の悩み

実家に久々に帰省したら、家中が悪臭に包まれていて驚きました。いったいなぜ、こんなことになってしまったのでしょうか？

臭すぎて消臭スプレーでは消せないかも

図　悪臭が立ち込めていても認知症本人は気がつかないことも

 ## 介護のプロ

認知症の症状として、においを感じなくなることがあります。このため、腐敗物や排泄物の悪臭が部屋に充満していても、認知症の方は気にならないことがあります。

認知症でもっとも多いアルツハイマー型認知症（付録4参照）では、記憶障害より先に嗅覚の低下が症状として現れると言われています。このような嗅覚の低下は軽度認知障害の段階から現れるため、認知症発病の指標としても利用されています。

対処方法として消臭剤や消臭スプレーが考えられますが、複数のにおいが混ざった悪臭であるため、一時的な消臭にしかならないことが多いようです。さらに、時間が経過するとカーテンや壁紙にも悪臭が定着するため、除臭や消臭が効かなくなることもあるため、早めの対策が必要です。

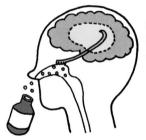

においの情報は
記憶を司る海馬へ
直接伝わる

図　**記憶障害は嗅覚の低下に関係している**

 ## 家のプロ

　新築やリフォームの際に、検討項目として見落としがちなのが、「空気」です。人が生活するということは、さまざまなにおいが空気に混ざりますが、これは食事や生活のにおいだけではなく、人が発する悪臭も混ざります。解決策として、悪臭の元を取り除き、定期的な換気をすることが基本になります。このために、小窓を設け、空気の動線を考えてみてください。また、悪臭物質は太陽光に当たると、分解するものも多いので、寝具や家具を干すことで部屋のにおいの改善につながります。

　家に脱臭の機能を持たせる方法もあり、空気循環システムを取り入れたり、消臭壁紙、消臭カーテン、脱臭タイルを使ったりする方法が挙げられます。また、空気清浄機なども併用すると、より脱臭が進むと思います。ただし、このような工夫は、悪臭が定着してからは改善できないので注意してください。

　また、悪臭がひどくなると、ガスコンロの消し忘れによるコゲ臭などに気付きにくくなり、火事につながることも考えられます。悪臭の対策はぜひ前向きに行ってください。

❗ ポイント

☑ **介護者が悪臭の対策をする**

☑ **家に脱臭の機能を持たせて脱臭する**

認知症とカーテン

介護者の悩み

最近、カーテンを閉めたまま一日中テレビを眺めているので、何か外に問題があるのかと思いましたが、変化はないようです。何が原因なのでしょうか？

介護のプロ

認知症の有無にかかわらず高齢者は外に出ることの準備に手間がかかるため外出が遠のくことがあります。もしかしたら、これによって外への関心も薄くなりカーテンを開けようという「気力」がなくなったのかもしれません。だからと言って、そのままにしておくことは良くありません。「外の風景」は季節や時の流れを感じ、人や社会に触れる重要な機会になります。また、太陽光に当たることは体内（生活）リズムを作る意味でも重要です。

図　カーテンを開けて季節や時間を感じさせてあげましょう

 家のプロ

　認知症の方は自信喪失や不安から、気持ちが落ち込む方が多いと聞きます。カーテンの色や柄で気持ちを明るくする手助けをしましょう。明るいカーテンを使うと、気持ちも明るくなるといった統計結果もあるため、うまくカーテンで気持ちを盛り上げて、気力が出るように誘導しましょう。

　例えば、視力が衰えている高齢者は、パステルカラーを見ると暗いくすんだ色に見えるそうです。このため、あざやかな原色を好む人も多いようです。ただ、認知症の症状によっては、あざやかな原色が刺激になる方もいるそうなので、単に明るい色を選ぶのではなく、その人の性格にあった落ち着いたカーテンを選ぶようにしましょう。また、細かい模様があると、症状によっては悪い妄想につながることも考えられるので、なるべくシンプルな模様にすることを提案いたします。

　一方で、認知症の症状が進んだ後にカーテンの模様や色替えをしてしまうと、リロケーションダメージを起こすこともあります。症状が進行する前にカーテンの模様や色替えをするように心がけましょう。また、認知症の症状として光に敏感になることがあるそうです。このため、遮光性があるカーテンを選ぶことも良いと思います。

・柄により悪い
　妄想や勘違い
　をひきおこす
　ことがある

・明るい気持ち
　になる
・悪い妄想の原因
　になりにくい

図　暗いカーテン（左）と明るいカーテン（右）による気持ちの変化

> **❗ ポイント**
>
> ☑ パステルカラーのカーテンは暗くくすんで見えることがある
> ☑ カーテンの模様や色替えはリロケーションダメージを引き起こすことがあるので早めに行う

第 8 章

いつ？ どこから？
住環境を変える

いざ、工夫を始めようとすると「何から手をつけたら？」と考えて
しまうものです。そこで、ここでは専門家が考える困りごとや、症
状に対する工夫の仕方の考え方をまとめてみました。取り掛かりの
工夫として役に立ててみてください。

改善の見極め

 介護者の悩み

　認知症の症状に対する住環境の改善は、症状に対してどのように取り組めばいいのでしょうか？ 何か指標を教えてください。

 介護のプロ

　認知症介護の難しい点は、例えば認知症の介護度が同じ人が2人いても、住宅や家族の状況で、この2人への住環境整備は個別に変わる点にあります。さらに、認知症の「種類」(アルツハイマー型認知症、脳血管性型認知症、レビー小体型認知症)や「症状」(中核症状および行動・心理症状)の問題点を考慮する必要があります(各名称の説明は付録1と4参照)。すなわち、住宅改修の検討時には、認知症高齢者の一人一人に応じて対応が変わることを理解しなければなりません。聞いた話から住環境整備を試してみたけど、適切ではないこともあり、介護者のモチベーションが低下してしまうことがあります。ただ、正解はないと考え、失敗を恐れず、身近な取り組みやすい部分から住環境の改善をしましょう。

　話は住宅から変わりますが、介護施設では認知症状と食事の対応例があります。症状に合わせて色や数の情報量を減らすことで、自力の食事の手助けを実践しています。

　認知症の初期症状では、食事の品数を変えず食器の数、色、模様を少なくする工夫をします。症状が進行すると品数を減らし、ワンプレートに盛り付けると食べる場所が明確なので混乱をさける工夫が実践されています。

図　認知症の症状に合わせて食事の品数、色、柄を変えて食事を自立させる

　話を住宅に戻すと、認知症家族に対して、心身機能と自己尊厳のどちらを重視するのかなど、改修の目的や重視することを明確化することが重要です。また、「家族が同居なのか別居なのか？」「デイサービスや在宅介護サービスなどをどのくらい必要とするのか？」などの福祉資源の状況によっても、どんな住環境整備をするのかの指標になると思います。

　また、認知症の症状が進んだ状態で住環境の整備をしようとしても、介護をしている家族も介護で手一杯になってしまい、そこまで余裕がなくなり、断念することが多いようです。地域包括支援センターや医師に相談しながら「備えあれば憂なし」のごとく、早めに準備を心がけてください。

 家のプロ

　認知症の多くは高齢者であるため、身体機能が低下している高齢者対応の住環境整備などを取り入れることから始めてもいいと思います。特に、バリアフリー対応住宅への新築やリフォームは、認知症の有無に関わらず高齢者には必要となります。

　スイッチ類や鍵の設置など、住まいの工夫のなかで簡単なものは、比較的幅広い症状で適応できますが、新築や大掛かりなリフォーム（間取り、トイレ、浴室）などの生活動作に必要なものほど、認知症の備えとしてなるべく早く改修することが、在宅で介護を長くできる秘訣かもしれません。

　例えば、徘徊を例にすると、認知症になる前は、将来を予想して間取り

の大幅な改善や二世帯への建て替えなどをすることで、準備と助走期間を設けてあげることができます。また、認知能力が十分にある症状の場合は、手すりや目印で誘導することで、なるべく自立をさせ、自信につなげる手助けができます。さらに症状が進んだ場合は、徘徊感知センサーやGPS発信機なども利用することで、介護の負担を減らし心の余裕を設けることができると思います。

出典：参考文献15をもとに作成

図　認知症の症状の進行度と取り組む工夫

> **！ ポイント**
>
> ☑ 認知症になる前や軽度認知障害 (MCI) のうちに備えをする
> ☑ 症状の進行に合わせて、段階を踏んで改善や整備をする

介護の予測

 ## 介護者の悩み

　認知症初期症状が進行すると、介護者にどのような困りごとが出てくる
ものでしょうか？　認知症の症状は100人いれば100通りあると聞きま
した。ただ、介護をする側からすると、「どこから手をつけたらいいのか？」
について教えてほしいです。

 ## 介護のプロ

　認知症の症状はさまざまであり、一概に傾向をまとめることは困難であ
るといえます。そこで、住環境に関する傾向に限定して整理をしてみまし
たので参考にしてください。

　表は在宅で伴侶や家族を介護している方から聞いた困りごとのアンケー
ト結果の統計です。困りごととして、排泄物関係が最も多く挙げられます。
特に、自宅介護の場合は排泄物の処理が大きな負担になると思います。こ
の点から始めることで、大きな負担が1つ減ることは間違いありません。

　また、認知症の方がよく起こしがちな問題行為とその理由についても表
にまとめました。こちらも参考にしてください。

表　認知症の在宅介護者が悩む困りごと

トイレ以外で排泄する	14%
排泄物を壁に塗る・食べる	13%
物の置き場所を理解できない	13%
部屋の位置がわからない	11%
火の始末ができない	10%
排泄物で汚れたものをトイレで流してしまう	7%
戸や鍵を開け閉めできない	6%
家の中を徘徊する	6%
照明スイッチの操作ができない	6%
転倒しやすい	4%
戸の位置を理解できない	3%
椅子や床から立ち上がれない	3%
ベッドや寝具の位置を理解できない	2%
家電のコードを抜いてしまう	2%

 家のプロ

　アンケートによると、排泄物の問題が悩みにつながるとのことですので、トイレのリフォームをすれば解決できると思う人も多いでしょう。しかし、これまで説明してきたようにトイレ以外の改善も必要です。例えば、トイレと居室の距離を縮めることや、床材や壁紙を工夫すること、椅子のカバーを洗えるものにすることなど、排泄を起点とした改善の広がりをまとめ、

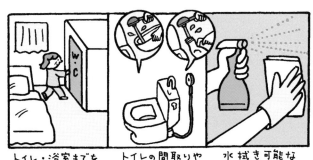

トイレ・浴室までを短くする　トイレの間取りや設備を改善する　水拭き可能な壁紙にする

図　トイレに関する工夫の一覧

出典：参考文献15をもとに作成

できるところから改善することをおすすめします。実際に、認知症が進行した後に、いざ改善をしようとしてもその余裕がなく、また認知症の方も慣れる時間がないため、逆効果になることも忘れないでください。

表　認知症の方が起こしがちな認知症の症状による言動とその理由

認知症の症状による言動	理由
自分でしまい忘れたことを認められないので、誰かに盗られたと言う	情報を論理的、時系列的に処理できないため、現実と妄想の認知ができない
玄関の鍵は閉めたのかと、何度も聞いたり、確認しに行く	強い感情を伴う記憶以外の貯蔵が困難なため、不安を解消するために戸締りを確認しに行ってしまう
ご飯の炊き方は覚えているが、ご飯を炊いたことを忘れ、何度も炊いてしまう	体が覚えている記憶(非陳述記憶)は忘れないが、出来事に対するエピソードの記憶(陳述記憶)は忘れてしまう
デイサービスで「老人」と一緒にするなと怒る	老いとプライドの葛藤、自尊心や集中力の低下、記憶障害などから引き起こされる
出かける時に、準備の段取りができず、不安から介護者にしがみつく	目標・計画・実行の順に思考できないため、手順に混乱をきたす
夕方になるとソワソワして、家にいるのに家に帰りたいと言う、夕暮れ症候群になる	環境の変化と「いつ・どこで・誰が」の記憶が混乱し、記憶の逆進性が起こる
目的を忘れ、位置関係の混乱から徘徊する	目的、欲求、幻覚により歩き始めるが認識地図を作れないので徘徊を始める
真冬に外出する際、上着も着ずに外に出ようとする	季節の見当識障害
以前は穏やかな性格であったのに、些細なことで怒鳴る	感情の制御がきかない
食後の薬を間違えて2回分飲んでしまう。また、飲み忘れてしまう	一度内服したことや服薬が必要なことの記憶の欠如
介護用パンツの処理方法がわからず、トイレに流したり、排泄物をタンスにしまったりする	本人のプライド、意味記憶や空間把握などの低下による

❗ ポイント

☑ **介護に最も負担が大きい事柄は排泄物に関するものが多い**

☑ **排泄物にまつわる改善をすることは総合的に効果が大きい**

第 9 章

介護保険について

日本では介護制度を設けており、「要介護認定」を受けることができます。認知症などで介護を必要とする状態（要介護状態）、日常生活に支援が必要な状態（要支援状態）を身体の状態によってランク（要支援は1~2、要介護は1~5）分けされて、必要に応じてサービスや給付金額が決定されます。介護保険による住宅改修と福祉用具レンタルをまとめてみましたので、役に立ててみてください。

40

戸建　マンション　新築　リフォーム　同居

介護保険による住宅改修と
福祉用具レンタル・購入

介護者の悩み （認知症患者の家族）

　介護保険を使うと、高齢者用のさまざまな介護用品の福祉用具レンタル
や購入の補助をしてもらえると聞きました。支給はどういった流れで、ど
ういったものがあるのでしょうか？ また、どういった点に気をつけたら
よいのでしょうか？

介護のプロ （ホームヘルパー）

　介護保険制度を利用することで、その要介護度に応じた住宅改修費や住
宅に関連する福祉用具レンタル費の支給を受けることができます。介護認
定を受ける場合、「申請」⇨「認定調査」⇨「結果通知」の後に、介護サー
ビス計画を作成していきます。住宅改修および福祉用具レンタルを行うに
は、適応対象になるかをケアマネージャーや福祉用具専門相談員に相談し、
専門的な意見の基で決定していきます。詳細は都道府県や市町村によって
異なりますので各ホームページを参照してください。

　介護保険で住宅改修が可能な種類は、手すりの取り付け、段差や傾斜の
解消（付帯する工事として転落防止柵の設置）、滑りにくい床材・移動し
やすい床材への変更、開き戸から引き戸などドアの取り換え、ドアの撤去、
和式から洋式への便器の取り換え、その他これらの各工事に付帯して必要
な工事になります。

　福祉用具レンタルの場合は、車椅子、車椅子付属品、特殊寝台、特殊寝
台付属品、床ずれ予防用具、体位変換器、手すり（取り外せるもの）、スロー

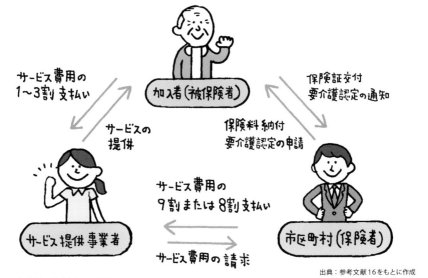

図　介護保険制度の仕組み

プ、歩行器、歩行補助杖、認知症老人徘徊感知機器、移動用リフトなどがあります。

　また、福祉用具の中には、指定を受けた事業者から購入するものもあります（支給上限があります）。例えば、腰掛便座、特殊尿器、入浴補助用具、簡易浴槽、移動用リフトのつり具などが挙げられます。

  家のプロ （建築士、インテリアコーディネーター）

　ここでは家の間取りに大きく関係し、高齢者なら必要な場合がある特殊寝台や車椅子を取り上げて説明をします。

特殊寝台

　特殊寝台は高価であり、認知症の方や部屋に合わない場合は交換できるので、レンタルをされる方が多いようです。特殊寝台は普通のベッドより大きく、また認知症の症状に合わせて介護方法も変わるため、レンタルする前によく相談してから決めてください。

　例えば、「自分で歩ける（杖の使用も含む）」場合は、ベッド以外の家具がなく、ベッドを壁や窓に寄せることができるならば、四畳半程度の部屋でも設置が可能です。

一方で「車椅子移動」が必要な場合は、部屋の入り口からベッドまでに車椅子の動線を確保し、さらにベッドと車椅子を乗り移るために 1m 以上のスペースが必要です。一般的には四畳半の部屋では厳しいと思います。

　「起き上りが難しい（寝たきりも含む）」場合は、背もたれを倒せるリクライニング車椅子を利用することになるため、動線にはさらに広いスペースが必要となります。また、特殊寝台の電源コンセントが車椅子の走行の妨げにならないように配置の事前確認も必要です。

車椅子

　室内用の車椅子を福祉用具レンタルする場合は、間取り寸法を十分に確認してください。車椅子で廊下を移動する場合は、車椅子の幅に 100 ～ 150mm 程度足した廊下幅や、900mm 程度の曲がり角幅がなければ、走行にストレスを感じます。また、車椅子が壁にぶつかって壁紙や建具を傷つけることがあるため、床から 300mm 程度の幅木（車椅子あたり）を貼っておくといいと思います。

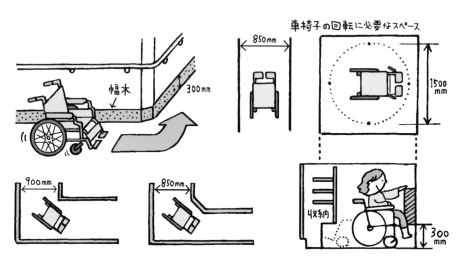

出典：参考文献１３をもとに作成

図　**車椅子と廊下のサイズ**

　また、車椅子を使う場合はトイレの寸法にも注意してください。車椅子でトイレに入る場合は1820mm以上の間取りが必要とされていますが、さらに車椅子から降りて衣類の脱着などを行うため、思いのほか大きなスペースを必要とします。また、車椅子対応の洗面台に変えることも忘れないようにしてください。

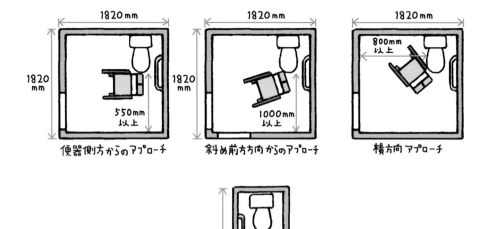

出典：参考文献7をもとに作成

図　車椅子で入るトイレのサイズ

> ⚠️ **ポイント**
>
> ☑ 福祉用具レンタルは試して、合わないようなら変えることができるものもある
>
> ☑ 寝台や車椅子のように大きな物や移動させる物は、間取りとの関係を考える

在宅療養者の居室と寝室

 介護者の悩み

在宅療養者の介護保険を利用した居室と寝室の工夫を教えてください。

 介護のプロ

多くの認知症の方は高齢の場合が多いため、居室と寝室を一室にしている方も多いと思います。特に、在宅療養者になると、寝室で1日の大半の時間を過ごすため、この部屋の役割は大きくなります。「開放的にするのか？プライバシーを重視するのか？」など、認知症の方の性格や今まで過ごしてきた生活習慣などから決めると良いと思います。図に、高齢者認知症を想定した居室の工夫を示しました。介護保険を使えるものも多いので、今までの生活を残しつつ、症状に応じた工夫をしてみてください。

 家のプロ

居室と寝室を一緒にする場合、福祉用ベッドが入り、さらに介護スペースを確保できるように、導入前にシミュレーションをしてみてください。また、ケアマネージャーや福祉用具専門相談員と話し合いを重ね、認知症の方にあった物を選択するようにしましょう。居室と寝室を一室にすることで家族から孤立してしまうような間取りになっては、逆に認知症の進行を加速させてしまうかもしれません。この点も考慮してみてください。

① 手すり（住宅改修費）
② 引き戸（住宅改修費）
③ ポータブルトイレ（福祉用具購入）
④ フローリング（住宅改修費※ただしベッドを置くという理由では対象外）
⑤ スロープ（住宅改修費）
⑥ 特殊寝台（福祉用具貸与※ただし要介護2-5のみ）
⑦ 壁と床の色差を強く付ける（保険対象外）
⑧ 症状に応じた窓の大きさ
　（※ただし掃き出し窓から屋外への段差解消のための工事に限る）
※検討をする前に、地方自治体が出している手引きなどを確認してください。

出典：参考文献7をもとに作成

図　在宅療養者の介護保険を利用した居室と寝室の項目

42

戸建　マンション　新築　リフォーム　同居　別居

介護保険を利用した 玄関の工夫

 介護者の悩み

介護保険を利用した玄関や玄関周りの工夫を教えてください。

 介護のプロ

　玄関や玄関周りに関する住宅改修や福祉用具レンタル品はさまざまあり、いろいろと使ってみたくなるものです。ただ、認知症の場合、物が多くあることが情報混乱を招くため、「本当に必要か？」と冷静に考えてから選定してください。また、玄関は家族や来訪者も使うので、介護専用の玄関にしてしまうと健常者が使いにくくなってしまうので注意が必要です。

 家のプロ

　介護を始めた時は焦ることもあり、住宅改修、福祉用具レンタル品をいろいろ取り入れたくなるものですが、「本当に必要か？」とまずは冷静に考えてください。玄関やアプローチに必要なものは、「出入りの安全」「徘徊防止」「不審者の侵入の防止」です。まずはこれらを達成するための工夫から始めましょう。また家族もいずれ歳をとるので、車椅子の使用も考慮した玄関やアプローチ作りは、いずれ必要になるかもしれません。ぜひ工夫の候補に入れてみてください。

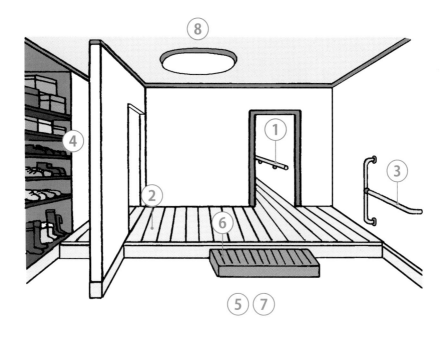

① 廊下に手すり取り付け（住宅改修費）

② 玄関ホールの床を滑りにくい素材へ（住宅改修費）

③ 玄関上がり框部分に手すり（住宅改修費）

④ 内玄関（保険対象外）

⑤ 玄関土間を滑りにくい素材に（住宅改修費）

⑥ 段差解消（住宅改修費）

⑦ 床材と土間タイルの配色（保険対象外）

⑧ 照明（保険対象外）

※検討をする前に、地方自治体が出している手引きなどを確認してください。

図　介護保険を利用した玄関の項目

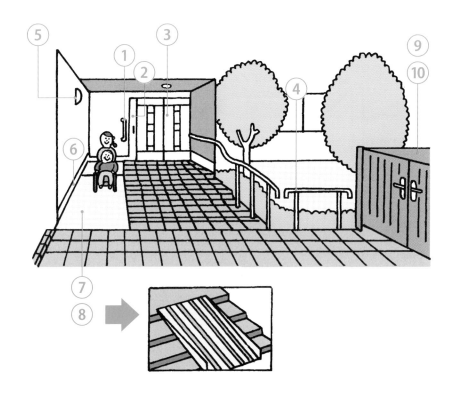

① 外壁手すり（住宅改修費）
② ドアを引き戸に取り替え（住宅改修費）
③ 内鍵（保険対象外）
④ 外部通路手すり（住宅改修費）
⑤ 屋外灯（保険対象外）
⑥ 足元灯（保険対象外）
⑦ 簡易スロープ（福祉用具レンタル）
⑧ コンクリートスロープ（住宅改修費）
⑨ 徘徊感知センサー（福祉用具レンタル※ただし要介護 2-5 のみ）
⑩ 集中管理型インターホン（保険対象外）
※検討をする前に、地方自治体が出している手引きなどを確認してください

出典：参考文献 7 をもとに作成

図　介護保険を利用した玄関アプローチの項目

43

戸建　マンション　新築　リフォーム　同居　別居

介護保険を利用した
浴室の工夫

 介護者の悩み

介護保険を利用した浴室の工夫を教えてください。

介護のプロ

認知症になると入浴を嫌う人も多くいます。このような状況は、健康を維持できなくなる要因にもつながるため、住宅改修や福祉用具レンタル品なども利用して改善してみてください。

ただ、認知症の方が自立して入浴する場合、これらの用品や設備を認知できなければ、その機能を発揮することはできません。必ずこれらに慣れるための助走期間を設けてあげましょう。

また、これらの用品や設備がむしろ円滑な入浴や洗面の邪魔をしてしまうこともあるかもしれません。衝動的に選定をせず、必要なものから改善を始めてください。

 家のプロ

浴室の改修を行う際に、「認知症本人が必要なものなのか？ 介護に必要なものなのか？ 両方にとって必要なのか？」を考えることです。例えば、手すりを設置する場合、入り口から浴室へのアプローチに対して設置してしまいがちですが、途中で着替えをすることを考慮しましょう。さらに「入浴は自立なのか？ 要介護なのか？」といったことでも手すりの設置場所が変わることもあります。認知症や高齢者になった気持ちで、どのような

動線を辿るのか、どのような行動を取るのかをシミュレーションし、それを反映させてみましょう。

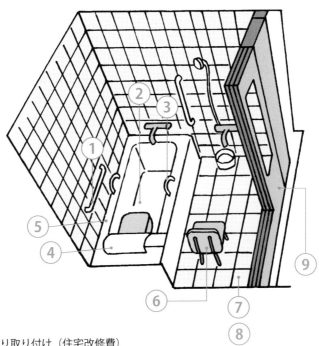

① 手すり取り付け（住宅改修費）
② 浴室スノコ設置（福祉用具購入）
③ 浴槽手すり設置（福祉用具購入）
④ 入浴台（福祉用具購入）
⑤ 浴槽（保険対象外　※ただし簡易浴槽は福祉用具購入の対象）
⑥ 椅子類（福祉用具購入）
⑦ 床上げや床下げによるフラット化（住宅改修費）
⑧ 浴室ないスノコの設置（福祉用具購入）
⑨ 引き戸（住宅改修費）
※検討をする前に、地方自治体が出している手引きなどを確認してください

出典：参考文献 7 をもとに作成

図　介護保険を利用した浴室の項目

44

戸建　マンション　新築　リフォーム　同居　別居

介護保険を利用した
トイレの工夫

 ## 介護者の悩み

介護保険を利用したトイレの工夫を教えてください。

 ## 介護のプロ

　高齢者に対する介護保険制度の住宅改修の中で、改修依頼がもっとも多い場所がトイレです。排泄行為を自立できるか否かは、認知症ご本人の自信につながるので工夫を取り入れたいものです。

　トイレの場合、ポータブルトイレは福祉用具購入の対象ですが、自立歩行ができるのに便利だからといって利用することはおすすめできません。これは利便性との引き換えに、寝たきりの時期を早めることにつながると言われています。こういった意味からも、トイレの改修や整備により自立を促してあげましょう。

 ## 家のプロ

　トイレに関する住宅改修や福祉用具レンタル品も数多くありますが、「認知症本人が必要なのか？ 介護や掃除に必要なのか？」を考え、必要なものから選択してください。物が多くあることは認知能力を多く使うことになりますし、有効スペースを減らして掃除がしにくくなる原因です。

① 手すり（住宅改修費）
② 引き戸（住宅改修費）
③ 棒状握手（福祉用具購入）
④ 大型リモコン（保険対象外）
⑤ 手洗器または洗面台（保険対象外）
⑥ 和式を洋式便器に（住宅改修費）
⑦ 床上げや床下げ（住宅改修費）
⑧ 滑りにくく、掃除がしやすい床材（住宅改修費）
⑨ 補高便器（福祉用具購入）
⑩ ゴミ箱やリハビリパンツ入れ（保険対象外）
⑪ 便器、床、壁紙の配色（保険対象外）
⑫ 掃除がしやすい壁紙（住宅改修費）
※検討をする前に、地方自治体が出している手引きなどを確認してください。

出典：参考文献 7 をもとに作成

図　介護保険を利用したトイレの項目

おわりに

　一般的に住宅の建築やリフォームでの打ち合わせの中で、現在や将来に対する「認知症」の話題は、住宅メーカーから切り出すことは失礼とされ、これを住環境に取り入れる提案は出ないと言われています。これは難病である「認知症」の話を切り出すことがタブー視されがちなことから、触れてはいけない事柄の1つになっています。

　しかし、これでいいのでしょうか？

　認知症は高齢化の進む状況では、ますます身近な病気になっていきます。それに伴い、認知症の家族を介護する人はますます増えると考えられ、将来の認知症の備えや現状を改善するため、認知症という言葉が容易に出せる社会が来てほしいと思います。
　住み慣れた場所で地域の人と関わりを持ち、穏やかに毎日を過ごせることが、どの家族も希望することだと思います。
　東京パラリンピックを終えた令和の社会が、多様性へ寛容になり、その傾向の中で認知症も意識した住環境の整備が進んでいくことを切に願います。

　認知症は「おや？」と思った時が、対策をとり始めるべきタイミングの病気だと思います。今までとの違いを感じたら、お住まいの「地域包括支援センター」に連絡してみてください。また医師にも相談することをおすすめします。軽度認知障害の段階では、治る場合もあると言われており、早期発見が重要です。

一方で住環境の改善には、福祉住環境コーディネーターの資格を持っている方などが手助けをしてくれます。また、この資格を建築士が有している場合も多いようです。加えて、今までの設計の経験から工夫の事例をお持ちの建築士もいますので、気軽に相談してみてください。

最後に、おそらく初めてであろう認知症を住環境の視点からまとめる難業を行っていただいた3名の著者に感謝します。さらに積水ハウス株式会社の森田修一様、おだい介護サービス有限会社の渡邊一深様には、専門知識や経験をもとに貴重なご意見をいただきました。また、多くのケアマネージャー、ホームヘルパー、デイサービス、在宅介護をされている方々に、多面的な意見をいただけたことは本書の幅を広げるきっかけになりました。そして、株式会社日刊工業新聞社出版局の方々には、社会混乱のなか激励をいただき出版までたどり着きました。関係者のみなさまの御厚意に心から謝意を表します。また、主婦目線の介護者として、内容のアドバイスをしてくれた妻(奈津子)にも心から感謝いたします。

なお、この本では多くの情報を学術的な文献やさまざまな経験談からも得ており、本書の紙面を借り、著者を代表してお礼を申し上げます。

堀越　智

認知症の進行段階

　認知症の予備軍として軽度認知障害（MCI）があります。この段階では認知症ではなく十分に認知能力があるため、住環境の改修や整備による変化に慣れる期間を設けることをおすすめします。また、軽度認知障害（MCI）を放置しておくと、5年以内に約40％の確率で認知症を発症すると言われています。

　次の段階では認知症に移行するとその症状として核となる「中核症状」が現れます。この症状は投薬や環境の調整で進行度合いを遅らせることはできますが、完治は難しいとされます。中核症状には、「記憶障害」（探し物が増える、同じ物を買ってくる、記憶が抜けてしまう）、「判断力の障害」（時間や季節、人がわからなくなる）、「問題解決能力の障害」（筋道だった思考ができないため生活に大きく支障をきたす）、「実行機能障害」（食事の献立を立てられない、料理の手順がわからない）、「失行、失認、失語」（洋服を着ることができない、道に迷う、あれ・それなどの言葉しか出ない）があります。

　また、周囲の人と関わりの中で起きてくる症状として行動・心理症状（BPSD）があります。その人の置かれている環境や人間関係、性格などが絡み合って起きてくるため、人それぞれ表れ方が違います。BPSDの背景には必ず本人なりの理由があります。行動の背景にある「なぜ」を考え、本人の気持ちに寄り添った対応をすることで症状を改善できる場合もあります。

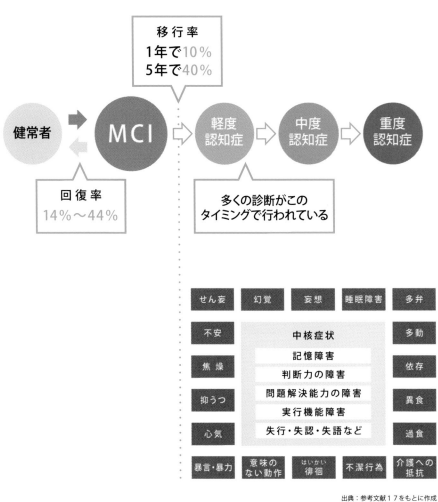

出典：参考文献17をもとに作成

図　認知症の進行段階と「中核症状」や「周辺症状（BPSD）」の分類

125

高齢者の身体的変化

心理…4つの喪失

- **身体と精神** ・ **経済的** ・ **家族と社会とのつながり** ・ **生きる目的**

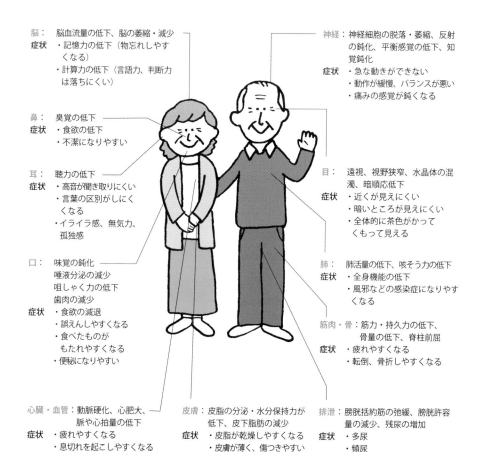

脳： 脳血流量の低下、脳の萎縮・減少
症状 ・記憶力の低下（物忘れしやす
　　くなる）
　・計算力の低下（言語力、判断力
　　は落ちにくい）

鼻： 臭覚の低下
症状 ・食欲の低下
　・不潔になりやすい

耳： 聴力の低下
症状 ・高音が聞き取りにくい
　・言葉の区別がしにく
　　くなる
　・イライラ感、無気力、
　　孤独感

口： 味覚の鈍化
　　唾液分泌の減少
　　咀しゃく力の低下
　　歯肉の減少
症状 ・食欲の減退
　・誤えんしやすくなる
　・食べたものが
　　もたれやすくなる
　・便秘になりやすい

心臓・血管：動脈硬化、心肥大、
　　　　　脈や心拍量の低下
症状 ・疲れやすくなる
　・息切れを起こしやすくなる
　・起立性貧血を起こしやす
　　くなる

神経：神経細胞の脱落・萎縮、反射
　　　の鈍化、平衡感覚の低下、知
　　　覚鈍化
症状 ・急な動きができない
　・動作が緩慢、バランスが悪い
　・痛みの感覚が鈍くなる

目： 遠視、視野狭窄、水晶体の混
　　濁、暗順応低下
症状 ・近くが見えにくい
　・暗いところが見えにくい
　・全体的に茶色がかって
　　くもって見える

肺： 肺活量の低下、咳そう力の低下
症状 ・全身機能の低下
　・風邪などの感染症になりやす
　　くなる

筋肉・骨：筋力・持久力の低下、
　　　　　骨量の低下、脊柱前屈
症状 ・疲れやすくなる
　・転倒、骨折しやすくなる

皮膚：皮脂の分泌・水分保持力が
　　　低下、皮下脂肪の減少
症状 ・皮脂が乾燥しやすくなる
　・皮膚が薄く、傷つきやすい
　・寒さを感じやすくなる

排泄：膀胱括約筋の弛緩、膀胱許容
　　　量の減少、残尿の増加
症状 ・多尿
　・頻尿
　・尿失禁
　・尿路感染を起こしやすくなる

付　録
3
認知症と気づくきっかけ

　認知症と気がつくきっかけはどのようなものがあるでしょうか？ 表には、本人または介護家族が「認知症かな？」と気がついた例をまとめました。

　認知症の発見は難しいものです。「本人が病気を認めたくないことから見て見ぬフリをしてしまう」「同居家族は前からそういう人だと否定してしまう」「別居家族は変化に気づけない場合が多く、今思えば認知症の第一歩だったかなと過去の話になってしまう」ことがよくあります。また、本人もプライドや老いかと解釈して、周りとつじつま合わせをしてしまい、なかなか認めることが難しいようです。認知症の治療は、早期発見が鍵です。その疑いがある場合は、早めに診断してもらいましょう。

表　同居および別居での認知症と気がつくきっかけ

同居	別居
電源コンセントを何度も抜く	料理の味が変わる
トイレットペーパーなどの日用品を何度も買う	何度も電話が来る
同じことを何度も言う・問う・する	大事な物を盗まれたと人を疑う
賞味期限切れの食品が冷蔵庫に多く入っている	業者に騙されることが多い
出来事の前後関係がわからなくなった	自動車をぶつける事故が重なる
身だしなみを構わなくなった	約束を間違えるようになった
いつも探し物をしている	人柄が変わる
今話していた相手の名前を忘れる	意欲がなくなる
新しいことが覚えられない	外出先から家に戻れない
薬を管理できなくなった	鍋を焦がすことが多くなった
怒りっぽくなった	家事が手間取るようになった
電話に出た時に、家族が近くにいても「今、誰もいない」と言ってしまう	伴侶の介護ができなくなった
入院をしたら別人のようになった	

付　録　4

認知症の症状の違い

　認知症が現れる症状の中で代表的なものは、アルツハイマー型認知症（アルツハイマー病が原因）、脳血管性型認知症（脳血管障害が原因）、レビー小体型認知症（レビー小体病が原因）になります。

表　認知症が現れる症状の種類

	アルツハイマー型認知症	脳血管性認知症	レビー小体型認知症
主な原因	細胞に変化が起こり、脳が萎縮して機能が損なわれる病気	脳出血や脳梗塞など脳の血管障害によって起こる病気	レビー小体と呼ばれる物質が脳の広範に出現し、脳が萎縮して生じる病気
割合	68%	20%	4%
初期症状	物忘れ	物忘れ	幻視、妄想、うつ症状
特徴	記憶障害と判断力の障害、実行機能障害などが現れる。症状はゆっくり進行する。周囲が気づきにくいことが多い	記憶力や判断力の障害が起こるが、個人差がある。段階的に進行する	幻視、動きが遅い、転びやすいなどのパーキンソン症状が現れる
進行・経過	記憶障害から見当識障害へゆっくり進んでいく	脳梗塞などが引き金となり、認知機能が段階的に悪化する	1日のうちで、記憶障害や判断力の障害がみられない時間帯と混乱した時間帯がある

　認知症という病気は同じでも、その症状によって介護方法は変わります。食事を例にすると、アルツハイマー型認知症の場合は目の前の料理をどうすればいいのかわからなくなり、食事が困難になります。脳血管性認知症の場合は、飲み込みに関係のある脳の場所が障害を受けていると、食べる意欲はあっても、むせてしまってうまく飲み込めない嚥下障害が起こります。レビー小体型認知症の場合は幻視により異物が見えたり、パーキンソン症状から食事自体が不自由になったりすることがあります。

図　認知症が現れる症状の種類と食事が困難になる理由の例

参考文献

1 「認知症施策の総合的な推進について」
厚生労働省老健局参考資料 https://www.mhlw.go.jp/content/12300000/000519620.pdf

2 「もし、家族や自分が認知症になったら　知っておきたい認知症のキホン」
内閣府大臣官房政府広報室
https://www.gov-online.go.jp/useful/article/201308/1.html

3 『脳のはたらきからみた認知症　予防と介護の新しい視点』
渕上哲、真興交易医書出版部、2015

4 「認知症を知る」第一三共株式会社
https://www.isshogaiine.com/about/alzheimers.html

5 「認知症の人にもやさしいデザインの手引き」福岡市
https://www.city.fukuoka.lg.jp/data/open/cnt/3/74905/1/tebiki-HPpdf.
pdf?20210804141325

6 「電気製品選びの豆知識」東京電力
https://www.tepco.co.jp/savingenergy/research/pdf/201310_b.light.pdf

7 『在宅療養のための住環境整備』
佐橋道広、オーム社、2009

8 『バリアフリー住宅読本　必携 実例でわかる福祉住環境 [改訂新版]』
伊藤勝規、高齢者住環境研究所ほか、三和書籍、2016

9 『高齢者のための照明・色彩設計─光と色彩の調和を考える（インテリア・コーディネート・ブック）』
インテリア産業協会インテリアコーディネートブック編集委員会、産能大出版部、1999

10 『週刊文春 認知症全部わかる！最新予防から発症後の対応まで（文春ムック）』
週刊文春 編、文藝春秋、2020

11 『イラスト家族も安心　認知症ケア　やさしい住まい・暮らしの工夫』
大島千帆、家の光協会、2013

12 『マンガ 認知症（ちくま新書）』
　　ニコ・ニコルソン、佐藤眞一、筑摩書房、2020

13 「高齢者等のための住宅バリアフリー改修の計画手法に関する研究」
　　国総研資料 第 825 号、長谷川洋

14 「介護のいろは　福祉用具の選び方編　認知症徘徊感知機器ってどう選べばいいの？」
　　ダスキンヘルスレント
　　https://healthrent.duskin.jp/column/iroha/ninchi/index.html

15 福祉のリフォーム専門店けあねんブログ「認知症予防と環境整備」2017 年 7 月 7 日
　　https://www.sozokosha.com/kaigo/?p=183

16 みんなの介護「よくわかる介護ガイド　介護保険制度とは」
　　https://www.minnanokaigo.com/guide/care-insurance/

17 「認知症の方とその介護者を支援する　認知症ガイドブック」
　　さいたま市
　　https://www.city.saitama.jp/002/003/003/002/005/p041232.html

18 『ある日、突然始まる 後悔しないための介護ハンドブック』
　　阿久津美栄子、ディスカヴァー・トゥエンティワン、2017

19 『DESIGN MY 100 YEARS 100 のチャートで見る人生 100 年時代、「幸せな老後」を自分
　　でデザインするためのデータブック』
　　大石佳能子、ディスカヴァー・トゥエンティワン、2019

著者紹介

堀越 智 （ほりこし さとし）
上智大学 理工学部 物質生命理工学科 教授

山崎 努 （やまざき つとむ）
積水ハウス（株）設計課 課長、
一級建築士・インテリアプランナー・チーフアーキテクト

川野 美智子 （かわの みちこ）
積水ハウス（株）設計課 主任、インテリアコーディネーター、
色彩検定協会認定色彩講師、福祉住環境コーディネーター2級・
一級色彩コーディネーター

壁 恵一 （かべ けいいち）
おだい介護サービス（有） 介護福祉士、介護支援専門員、
介護福祉専門学校元非常勤講師、認知症ケア専門士、
福祉住環境コーディネーター2級

認知症家族に寄り添う介護しやすい家づくり

みんなが心地よく過ごせる間取りとリフォームのヒント　　　NDC369.26

2021年12月30日　　初版1刷発行　　　（定価はカバーに表示してあります）

ⓒ編著者	堀 越　　智	
著　者	山 崎　　努	
	川野 美智子	
	壁　　恵 一	

発行者　　井水　　治博
発行所　　日刊工業新聞社
　　　　　〒103-8548　東京都中央区日本橋小網町14-1
　　　　　書籍編集部　電話03-5644-7490
　　　　　販売・管理部　電話03-5644-7410　FAX03-5644-7400
URL　　　https://www.pub.nikkan.co.jp/
e-mail　　info@media.nikkan.co.jp
振替口座　00190-2-186076

イラスト　　　カワチ・レン
DTPデザイン
カバーデザイン　　雷鳥図工（熱田　肇）
印刷・製本　　新日本印刷㈱

2021 Printed in Japan　　　落丁・乱丁本はお取り替えいたします。
ISBN 978-4-526-08175-0